U0840158

华东师范大学出版社

目录

第六章 培养孩子的语言表达基本功 89

第七章 培养孩子的表达技巧 126

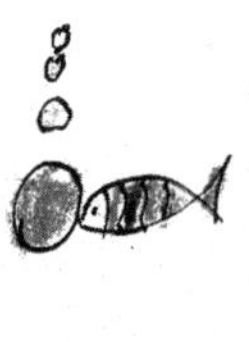

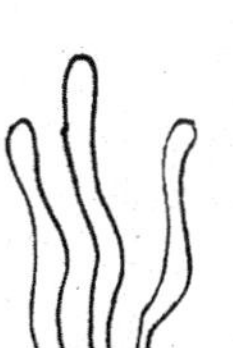

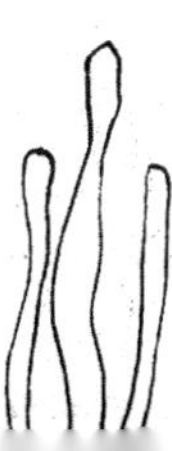

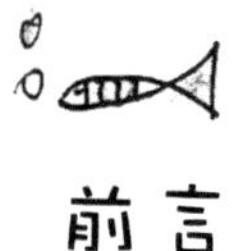

前言

戴尔·卡耐基这样评价表达能力:“良好的表达能力,可以让人倾心于你,让人结交到更多的朋友,替你开辟人生之路,让你获得幸福美满。”这个评价非常到位。但进入儿童教育这行十几年来,从编者接触到的各种案例来看,不少家长对孩子表达能力的培养往往存在一定的问题。

编者曾接到过一位母亲的求助,她的女儿眼看就要上小学了,可是在谈吐方面像三四岁的孩子一样。在家里沉默寡言,父母问一句才答一句;一有生人来访,就躲到一旁,即使被父母硬“推”出去,也不知道如何接待;当有人向她提问时,小姑娘回答得颠三倒四,不知所云;明明是自己有理,可是就是无法说明白或说服对方……可以说,女孩只能使用基本的说话能力,无法更深一层发挥语言魅力。

听到母亲的一一列举,小姑娘脸涨红了。我能理解她的想法,马上就要进入一个新的环境了,谁不想能言善道,赢得他人的青睐、信任……。我们说,会说话的人能化险为夷,反之则会令自己陷入尴尬境地;会说话的人能将陌生人变成朋友,反之则将朋友变成陌生人;会说话的人能展示自己的才华,赢得各种机会,反之则失去已经到手的机会……

这里的“会说话”与“说话”是不同的,对于绝大部分人来说,“说话”是一种本能,而“会说话”是一种才能,需要后天学习、训练、培养方能挖掘出的才能。想要这种才能发挥到最好,作为孩子的第一任老师——家长,就要重视对孩子表达能力的培养。国外的一些国家在这方面做得很好。比如,在暑假、圣诞节过后,学校或班级会举办各种类型的 presentation,让每一个孩子将自己在假期中参加的各种活动介绍给大家,或者讲解照片、图画等,让孩子们的口才展示内容丰富多彩,并表现出独特性，这些正是这种教育所追求的目标之一。

家长不能永远代替孩子说话、发言，孩子终有一天需要自己面对生活和成长中的问题，用眼睛观察、用大脑思考、用嘴巴说，在社会交往中开辟出一席之地。值得庆幸的是，现在越来越多的家长开始重视孩子的表达能力培养，开始寻求各种方法来锻炼孩子的语言表达能力。

会表达的标准有五点：言之有物，言之有理，言之有序，言之有文，言之有情。要达到这些标准，绝不是一朝一夕的事。想让自己的孩子有个成功的未来，一定要从小开始培养。

《会表达成就最优秀的孩子》就像一本魔法书，书中对大量的实例进行简洁扼要的分析，引出各种对表达能力培养、锻炼有帮助的技巧——多观察、多了解、多探索，积累丰富知识，训练说话的逻辑思维能力；多倾听，发展语言、思维；克服心理障碍，让孩子勇敢开口；练好基本功，为会表达打基础；掌握表达技巧，娴熟运用……阅读本书，相信不仅孩子的表达能力可以得到提升，就连家长自己也会找到自己平时说话时的问题，及时加以纠正。

会表达能改变孩子的一生，愿本书能给我们广大的家长提供一些有益的帮助，让孩子妙语生花，缔造更美好的明天！

第一章　会表达让孩子拥有好未来

会表达，孩子更易成功

照片人物：彭丹妮/卢晓红摄

语言，是人们表达情意的重要途径，优秀的表达能力，能使人与人的交际畅达、谈笑风生，能助人处世安乐、事业成功。因此，家长应该努力培养和锻炼孩子的语言表达能力，鼓励孩子大胆说话，让孩子会表达，为未来成功打好基础。

西方有位哲人曾这样说过："世间有一种成就可以使人很快完成伟业，并获得世人的认可，那就是讲话令人喜悦的能力。"可见，语言的威力有多大！

纵观历史，我们会发现，古今中外的名人志士都是博古通今的雄辩家，他们借着敏捷的思维，在洞察了人间百态之后，最终无一不成就了一番惊天动地的伟业。到了今时今日，表达更成为了可以驾驭人生的航船，甚至还可能会决定孩子一生的命运。

纪晓岚是大家熟知的清代才子，可谓是一代风流人物。虽然在宦海沉浮，却一直可保命全身，这都得益于他卓越的口才。他能言善辩，学识渊博，出口成章。纵观他的一生，虽然其政绩平平，却才名远扬，直到今日仍被后人所传颂。

有一天，乾隆问纪晓岚："纪卿，你知道'忠孝'二字如何解释吗？"

纪晓岚回答："君要臣死，臣不得不死，此为'忠'；父要子亡，子不得不亡，此为'孝'。"

乾隆听后说："那好，朕现在就要你去死！"

纪晓岚闻此言，一点也没含糊，斩钉截铁地回答说："臣领旨！"

乾隆非常好奇地问："那你打算怎么死法？"

"跳河。"纪晓岚迅速答道。

乾隆当然知道纪晓岚不会真的去死，于是就坐在一边看他接下来怎么办。

过了一会，乾隆见纪晓岚回到跟前，笑道："纪卿何以未死呢？"

纪晓岚答道:“我走到河边,正要往下跳时,屈原从水里向我走来。他说:‘纪晓岚,你此举大错矣!想当年楚王昏庸,我才不得不死。你在跳河之前应该先回去问问皇上是不是昏君,如果皇上不是昏君,你就不该投河而死;如果说皇上跟当年楚王一样的昏庸,你再死也不迟啊!”

乾隆听了后,龙颜大悦,大笑着称赞道:“好一个如簧之舌,真不愧是雄辩之才,这下朕算是服了!”

纪晓岚机智应对,话语幽默,一语双关,既说明自己是个忠臣,又称赞乾隆是个英明的君主,使得他免于一死。

纪晓岚“铁齿铜牙两片嘴”,在关键时刻,一招“移花接木”,就轻松地避开了问题的实质,让自己化险为夷,还从侧面拍了乾隆的马屁,实在是高明之极。

周恩来总理的口才之高有目共睹。有一次周总理应邀访问苏联同赫鲁晓夫会晤。他批评赫鲁晓夫的修正主义政策,可是狡猾的赫鲁晓夫并不予理会,而是就当时敏感的阶级出身问题“责难”周总理。赫鲁晓夫说:“你批评得很好,但不能否认的是,我才是出身于工人阶级,而你是资产阶级出身。”他的言外之意是指总理站在资产阶级立场说话。

周总理停顿片刻,平静地回答:“是的,赫鲁晓夫同志,我们是如此的不同,但是你也不可否认的是,我们两个人还是有一个共同点的,那就是我们都背叛了我们各自的阶级。”

周总理利用“我们都背叛了我们各自的阶级”出其不意地将赫鲁晓夫射出的毒箭掉转方向,巧妙地指出赫鲁晓夫背离了社会主义,此言一出,立即在各共产党国家传为美谈。无独有偶,已故美国总统林肯也用相同的方法“对付”他人的“毒箭”。

有人批评林肯总统对待政敌的态度:“你为什么要试图让他们成为

朋友呢？你应该想办法打击他们，消灭他们才对。”

“我难道不是在消灭政敌吗？当我使他们成为我的朋友时，政敌就不存在了。”林肯总统温和地说。

由此可见，表达不仅是一种能力，更是可以让人获得成功的强大资本。但是，在现实生活中，许多家长都不重视孩子表达能力的培养，在他们看来，一切都没有孩子的学习成绩重要，会不会说话，表达好不好都是一些无关紧要的“小事”。殊不知，这种想法是非常错误的。虽然现在是个信息化高速发展的时代，可语言仍是最常用、最便捷的信息传递工具。可以说，一个具有良好表达能力的人才有资本行走天下。反之，即使他胸有奇才，也未必能成就伟业，还可能会错失许多发展机遇，甚至人生也会一败涂地。

虽然心理学研究表明，每个孩子天生就都潜藏着无法估量的语言天赋，但这些天赋是否被开发都在于后天的教育和培养。因此，从某种意义上来说，孩子的人生是否成功，其实就掌握在父母的手上。所以，为了孩子的将来，家长必须从小对孩子进行表达能力的培养，让孩子赢在人生的起跑线上。

会表达，让孩子拥有好人缘

俗话说：“良言一句三冬暖，恶语伤人六月寒”，意思是一句“良言”能够让寒冷的冬天也温暖如春，而一句“恶语”则会让夏日的六月如同冬天般寒冷。其中“良言”、“恶语”与语言表达挂钩，而季节变化则是比喻人际关系，简单来说就是面对同一件事或同一个人时，是说“良言”还是“恶语”，所产生的效果是不同的，而这往往涉及表达水平高低的问题。可以说，好的表达能力能够令孩子拥有良好的人际关系和好人缘，而差口才则会为孩子制造交际障碍，让孩子成为他人眼中“不受欢迎的人”。

案例

在大家看来，玲玲长相没有晚晚那么漂亮可爱，可是人缘却比晚晚要好，无论是在幼儿园还是在小区里，她都交到很多朋友，而晚晚呢，朋友却没几个。对此晚晚的妈妈一直很发愁，却找不到原因，直到一天她无意中看到一件事情，才恍然大悟。

这一天，玲玲和晚晚在小区里玩耍，这时旁边一个小朋友突然摔倒了，哇哇大哭起来。玲玲和晚晚赶紧把小朋友扶了起来，并帮助她拍净身上的灰，可是小朋友仍然哭个不停。这时，晚晚对她说："别哭了，你看你脸上有一个包，哭起来就变得更红、更难看了。"晚晚的话音儿还没落，小朋友哭得就更凶了。玲玲见状，急忙上前对着她的耳朵说"悄悄话"："其实吧，我发现你不哭的时候特别漂亮。"小朋友一听这话，立刻破涕为笑，主动加入玲玲、晚晚的游戏中。

在看到小朋友摔倒而哭泣后，晚晚和玲玲第一想法都是来安慰她。可是不同的安慰方法，所起到的效果截然相反。从玲玲的安慰中，受伤的小朋友听到的是对自己积极的肯定，而从晚晚嘴里听到的却是缺点、否定，二人之中谁的话会给她带来安慰一目了然。由此可见，良好的表达能力不仅能够将自己的意思完美地表达出来，还能在关键时刻化解问题，取悦他人。

当然，好的表达能力对人际关系的贡献还不止如此。在良好表达的作用下，人们还能够通过引导谈话的方式推测出对方的意图或想法，进而与之建立更深一层的关系。

很多人都说，轩轩很体贴人，往往对方还没有提出什么要求，他就能主动提供帮助，就像是使了什么魔法一样。只有妈妈明白，自己的儿子可不是“小魔法师”，而是他的能言善道在起作用。有一次，轩轩去邻居奶奶家玩，无意中发现奶奶的柜子上放着一对保健球，于是便问奶奶保健球怎么玩。没想到这一问可勾起奶奶的话，奶奶是个保健球迷，每天只要手一闲下来就要转一转，她滔滔不绝地给轩轩讲起保健球的好处，末了说：“我现在还没得老年痴呆可多亏了它呢！”轩轩歪着小脑袋，调皮地说：“怪不得您上次晒的衣服被风吹掉了，您很快就找回来了，原来是保健球的功效。保健球是不是能治百病啊？”

奶奶笑道：“保健球可不是药啊，它只能起到保健的作用，像我的心脏病保健球就治不了。”说到这儿，奶奶叹了一口气，自言自语道：“报纸、瓶子又攒了一堆，有点碍事啊……可是这几天……”说者无心，听者有意，轩轩第二天就找到小区外收废品的叔叔，请他上楼回收奶奶家的废品。这一举动让奶奶乐得合不上嘴，逢人就夸：“我都没说想卖废品，轩轩就替我想到了，还把人领到家里，省了我拎着东西下楼。多好的孩子啊，真是会体贴人！”

轩轩不愧是一个语言表达的小高手，他从邻居奶奶的喜好入手，引导奶奶谈起了自己的病，接着又通过奶奶的自言自语，再联系到之前的对话，从而得出“奶奶想卖废品，可是这几天心脏不太好”的结论，并积极主动采取措施，最终在奶奶没有提出任何要求的情况下满足了她的需求。所有这一切，都离不开轩轩与奶奶的良好沟通，而良好沟通又是通过良好的表达得以完成的。

良好的表达能力就像是人际关系的润滑剂，能帮助孩子轻而易举打开他人的心灵之门，与他人形成有效的沟通与交流，在人际交往中更加如鱼得水。如果你希望自己的孩子将来能赢得尊重，成为众人眼中最受欢迎的人，就请从小培养孩子的表达能力吧！

培养孩子表达能力时的常见误区

表达能力的培养涉及方方面面，想要成功地培养出孩子良好的表达能力，少

不了家长对表达的正确认识。现实中，很多人对表达有错误的认识，这种错误不仅直接影响到表达培训效果，同时对孩子的认知也会产生较大影响，有时甚至会严重阻碍孩子语言表达能力的发展，使他们小小年纪就出现了交流障碍，进而影响孩子其他能力的发展。

在大人眼里，学会说话的奇奇简直就像一个话匣子，每天叽叽喳喳说个不停。不管遇到什么事情，都要向大人"汇报"。

"妈妈，妈妈，今天我在门口看见一条小狗，小狗冲我汪汪叫，我也冲它汪汪叫，它再冲我汪汪叫，我又冲它汪汪叫……"

"爸爸，今天小华问我为什么太阳只有白天出来，我告诉他，是因为太阳喜欢热闹，所以要值白班；月亮喜欢安静，所以值夜班……"

诸如此类的话每天滔滔不绝地从奇奇嘴里涌出来，让爸爸妈妈不胜其烦，有时忍不住还会向幼儿园老师抱怨。幼儿园老师笑着说："这不是很好吗？小奇奇能说会道，在生人面前也能大大方方的，很多小朋友还做不到这点呢！"

"这有什么好的？"妈妈不以为然地说："能说话不算真本事，沉默是金，多学习一些有用的才是真的。老是耍嘴皮子，可是会惹人烦的。"

妈妈说到这儿，奇奇跑过来，妈妈向老师告辞后，拉着奇奇的手准备离开。奇奇挣脱了妈妈的手，跑到老师面前说："老师，您今天辛苦啦，我走啦，明天见！"老师也笑眯眯地向奇奇挥手告别。

妈妈见老师走远了，不高兴地对奇奇说："说再见就可以了，不用说什么辛苦了，让别的小朋友和家长听见，还以为你拍老师马屁呢！"奇奇听了妈妈的话，委屈地瘪着嘴，他不明白，为什么自己说什么话妈妈都不高兴呢？慢慢地，奇奇即使有了想法，也不再向妈妈、爸爸说了，话越来越少，每天回家就是闷在屋子里玩玩具、看书，认识奇奇的人都说这孩子变得木讷了。

奇奇的这一“遭遇”，说到底，完全是由妈妈的错误认识一手造成的。面对奇奇的能言善道，她不仅没有加以重视，趁机培养孩子的表达能力，反而通过各种方法来打击孩子说话的积极性，结果使原本开朗、活泼的奇奇变得沉默寡言。

奇奇妈妈之所以“阻止”奇奇多说话，是因为她对孩子表达能力的培养存在着一些误区，将这些误区归结起来，主要表现为以下几个方面：

1. 表达能力是天生的

有的家长认为，好口才是天生的，嘴巴笨的人永远也不会拥有好口才。这种认知并不完全正确，确实，说话的天分是有差别，但它们并非“从一而终”的。俗话说，三分天注定，七分靠打拼，通过后天的努力和训练，是完全可以弥补先天不足。很多主持人、演员、播音员、销售人员等是使用语言的行家，他们并不是天生就能口若悬河、应付自如，而是经历了各种失败，找出导致失败的因素，然后一再尝试，慢慢地，积累了丰富的经验，最后获得了成功。

2. 多说话是不务正业

在很多家长眼里，学习数理化知识是孩子的“本职”，而琴棋书画等则是孩子应当掌握的技能，至于说话，只要不是哑巴，谁都会，现在说不好，慢慢地就能说好了。正是基于这种认识，很多孩子确实掌握了一定的专长，但也怠于说话、不善表达、羞于在大庭广众下说话或说话结巴、无条理、语无伦次。很多人能在朋友、家人面前侃侃而谈，思维清晰，但一旦站在大众面前就会大失水准。久而久之，对孩子的性格、逻辑思维发展等会造成不良影响，而这正是影响其成功的关键因素。美国成功学大师卡耐基说过：“公开演讲训练是培养自信心的康庄大道，一个人的成功，15%是靠他的专业知识技能，85%是靠他的口才交际能力。”由此可见，“会说话”和“善说话”是两码事，对孩子的表达能力培训也不是做无用功，可以说它是孩子日后成功路上不可缺少的一个好帮手。

3. 沉默才是"金",少说多做

沉默是金,表达了一个人的处世方式,意思是多听、多看、多体会,如此一来,方可从中收获财富,它与夸夸其谈是相反的,是在为人处世之中"以退为进、静观其变"的一种手段。但是,这里有两个关键点要弄清楚:首先,沉默并不是永远沉默下去,而是通过不断地积累、储存能量,待到机会爆发出来;可以说,这种爆发的力量是无可抵挡的,它往往能给人带来听觉上、思维上的震撼,而这最终要通过表达才能达到效果。其次,表达不等于夸夸其谈,它是经过深思熟虑后,将脑内所思所想用适当的方法表达出来,从这一点来说,表达实际上与"沉默"是互相联系、互相作用的。

4. 贫嘴就是会表达

很多孩子在家里说话时,总是显得很"贫",想到哪说到哪,一个话题接着一个话题,虽然前后联系不上,有时还会说错,但不少家长认为,孩子敢说、说得多就是会表达的表现。事实上,真正的会表达绝对不是贫嘴,更不是不分场合、不假思索地脱口而出。拥有好口才的孩子说话能分清场合,说起话来有条、有理、有序、有情、有物,同时在表达的同时还能观察和倾听,随时调整说话方向,这样一来,才能真正把话说到他人的心坎上,赢得他人的认同。

除了以上误区外,在培养孩子表达能力时,家长还容易犯以下几个错误:

1. 好表达是用华丽词藻堆砌的

人们常认为,用词越华丽,就越能打动人心,其实不然,表达的好与坏并不完全依赖于词藻,它既要有外在,也要有内涵,比如情感、立场、亲和力等,面对不同的场景和人,从大脑中筛选最适合的词语、短句,并将它们合理地排列组合起来,才能够真正打动对方,从内心接受你,过度华丽的词藻只会给人一种华而不实之感。

2. 好表达就是死记硬背

为了让孩子会表达,有的家长不惜以死记硬背的方式让他掌握更多的词汇、语句。这种方法确实可以增加孩子的词汇量,但是人的记忆毕竟是有限的,而且在现实生活中有时会出现突发状况，孩子单凭死记硬背所获得的知识是无法应对这一状况的。只有拥有良好的心理素质、敏捷的思维能力以及清晰的思路，才可以在不同场合下、不同的人面前，灵活自如地运用自己掌握的知识，取得令人满意的效果。

3. 好表达是阿谀奉承

有的人认为，在老师、大人面前进行阿谀奉承，就是会表达的表现，因此坚决反对孩子的表达能力培养。这种想法完全偏离了培养表达能力的正常轨道。在日常生活中，会表达的人与他人谈话，确实能够给他人带来愉悦感，获得他人的认同，但其中包含的感情是真正发自内心的，不带有功利目的，这与纯粹为了通过拍马屁等达到自己目的的阿谀奉承是完全不一样的。

认识会表达的标准

对孩子进行表达能力训练，目的是让孩子会表达。但有的人对会表达是指什么并不清楚，往往将会表达简单归为能说、敢说，茜茜的妈妈就是这么想的，结果闹了一个大笑话。

在大家眼里，茜茜是一个天不怕地不怕的小姑娘，她特别能说，走到哪都不怯生，常常能“无理搅三分”。面对这一情况，妈妈并不觉得有什么不好，反而很自豪，认为女儿会表达，所以别人才说不过她。

一天，幼儿园要组织演讲比赛，妈妈毫不犹豫地为茜茜报了名。原本以为茜茜至少可以进入决赛，没想到她在初赛就被淘汰了。原来，妈妈虽然找人为茜茜写了一篇语言优美、内容有趣的演讲词，茜茜背得也很熟练，可是上台演讲时，虽然说得流利，但缺乏感情，声音也干巴巴的。不仅如此，茜茜的语速非常快，常常一句话说完，台底下的人都没听清她说什么。到了提问环节，茜茜的问题就更多了。评委老师就讲演的内容向茜茜提问题，可是茜茜根本答不上来，最后好容易说了几句，也都让人摸不着头脑。

妈妈在看到这一切后，终于意识到，自己女儿的表达能力并没有想象中的那么好，她不仅为自己曾经的“夜郎自大”感到羞愧，也后悔由于自己的认知错误，让女儿受到这次打击。

茜茜的经历告诉我们，会表达的构成不是单一的，它是多种标准的一个组合。只有达成该组合中的条件，才能真正称之为会表达。

那么，会表达究竟指的是什么？衡量孩子表达能力好坏究竟有什么标准呢？

1. 孩子的发音要准确，吐字清楚，能够让人能听清楚、明白，这是表达的基本条件。

2. 孩子说话要有感情，声调抑扬顿挫，而非干巴巴地叙述。

3. 孩子掌握一定的词汇量和基本的语法规则，在表达真情实感时可以挑选恰当的词句。

4. 孩子在说话时，能运用一定表情、手势、身体语言来配合。

5. 孩子能够掌握数百个词汇，能分清“你”、“我”、“他”，能较完整地说一个熟悉的故事，并编出一些原来没有的情节。

6. 孩子有强烈的语言表达需求，乐于主动谈事情，经常模仿大人语气讲话。

会表达测试：你的孩子表达能力如何

表达是一种综合能力，会表达的孩子在许多方面将会受益无穷。那么，我们该如何评价孩子的表达能力呢？以下这些测试题可为家长提供一个参考，以便对孩子的表达能力做一些了解。

1. 孩子是否存在语言逻辑不当问题，即无法把所想、所见有条理地表达出来？（是 □，否 □）

2. 孩子是否胆小内向，不善于用语言表达自己？（是 □，否 □）
3. 孩子是否有词汇单一，且用词不规范的情况，即在表达时很难选择准确、恰当的词语？（是 □，否 □）
4. 孩子是否有发音错误等情况，以致他人难以准确理解他的意思？（是 □，否 □）
5. 孩子在情绪激动时，是否无法流利地用口语表达自己情感、告知大人原因，而只能以哭闹等方式进行发泄？（是 □，否 □）
6. 孩子是否总是自己一个人玩，比较沉默？（是 □，否 □）
7. 孩子是否不敢发言，或从不主动回答大人的提问，即使发言或回答问题说话也不流利。（是 □，否 □）
8. 在与长辈说话时，孩子是否无法跟上节奏，或表现得压力很大，不知如何说话？（是 □，否 □）
9. 孩子是否无法很好地识别他人的感情，说话不分场合或时间？（是 □，否 □）
10. 在与他人发生矛盾时，孩子是否不善于说服他人，哪怕道理在自己这边？（是 □，否 □）
11. 孩子是否不善于赞美别人，有时甚至会令人产生误会？（是 □，否 □）
12. 孩子是否无法自如地运用眼神、肢体动作、表情等配合口头表达？（是 □，否 □）
13. 孩子是否很少打断别人的话，几乎不表达自己的想法？（是 □，否 □）

★ 评分标准：

答案肯定记 1 分，否定记 0 分。

总分在 10 分以上，表示孩子表达能力较弱，需要家长从基础开始进行训练。

总分在 6～9 分，表示孩子表达能力一般，家长需加强这方面的训练。

总分在 4～5 分，表示孩子表达能力较好，可适当提高训练的难度。

总分在 1～3 分，表示孩子表达能力非常不错。

会表达测试：你的孩子心理素质强吗

心理素质是培养孩子表达能力的一个十分重要的因素，会表达的人一定要有充分的自信心、强烈的成功欲、不怕失败的坚韧感、豁达的胸襟、坚强的自控力等，来面对自己的“听众”。以下这些测试，适合 6 岁左右的孩子，家长通过这个测试可对孩子的心理素质能力做一些了解。

1. 孩子容易生气和激动吗？（是 □，否 □）
2. 别人对孩子稍稍挑剔一下，他就会火冒三丈吗？（是 □，否 □）
3. 当孩子被父母或其他大人责备，或是被小朋友责骂时，容易变得情绪激动，而且无法控制吗？（是 □，否 □）

4. 孩子被他人挑衅时，会有非常愤怒、破口大骂，甚至动手打人的表现吗？（是 □，否 □）
5. 孩子受到挫折后，是否有后退或放弃的想法？（是 □，否 □）
6. 孩子做错事后，是否会用大哭大闹或乱发脾气来推卸责任？（是 □，否 □）
7. 孩子遇到困难时，是不是希望大人替他拿主意或找解决方法？（是 □，否 □）
8. 即使没有异常发生，孩子也常常会出现心理烦躁或恐慌的感觉？（是 □，否 □）
9. 孩子是不是总是很消沉，有"我总是很倒霉"、"老师（小朋友）都不喜欢我"等抱怨？（是 □，否 □）
10. 孩子是不是认为自己缺乏能力，对任何事都感到力不从心？（是 □，否 □）
11. 孩子一遇到考试等场合，就会变得非常紧张，前几晚睡不好觉、吃不好饭、心情异常烦躁？（是 □，否 □）

★ 评分标准：

答案肯定记 0 分，否定记 1 分。

总分在 8 分以上，表示孩子的心理素质相对还是较好的。

总分在 7 分以下（包括 7 分）如果总分低于标准，说明孩子的心理素质有一定问题，比如挫折承受能力相对较差等，家长应采取措施增强孩子的心理素质，使其朝积极的方面发展。

会表达测试：你的孩子与人交往能力强吗

交往能力是表达能力培养的关键之一，孩子只有善于与他人交往，才有机会多说、多想，增加锻炼表达能力的机会。以下这些测试，适合 6 岁左右的孩子，家长通过这个测试可对孩子的人际交往能力做一些了解。

1. 孩子有主动问候客人的习惯吗？(是 □,否 □)
2. 孩子能理解家长话里的意思吗？(是 □,否 □)
3. 与陌生人交流,孩子会流利表达意思吗？(是 □,否 □)
4. 孩子喜欢家里来客人吗？(是 □,否 □)
5. 孩子说话从不会让客人感到尴尬吗？(是 □,否 □)
6. 家里来了陌生人,孩子会主动招呼吗？(是 □,否 □)
7. 孩子在课堂上喜欢举手发言吗？(是 □,否 □)
8. 孩子喜欢和小伙伴做游戏吗？(是 □,否 □)
9. 孩子会使用礼貌用语吗？(是 □,否 □)
10. 孩子会准确地描述出所见到的事物吗？(是 □,否 □)
11. 孩子会和家长有效地沟通吗？(是 □,否 □)
12. 孩子是否经常向周围的人“发号施令”？(是 □,否 □)
13. 孩子会招呼客人吗？比如向客人问好等。(是 □,否 □)
14. 当小伙伴之间发生冲突时,孩子会劝和并成功吗？(是 □,否 □)

★ **评分标准：**

答案肯定记 1 分，否定记 0 分。

总分在 10 分以上，表示孩子的人际交往能力是朝积极的方面发展，孩子具备一定的社交天赋。

总分在 9 分以下(包括 9 分)，说明孩子的人际交往很被动、不积极，家长应对孩子的人际交往能力多指导，并从小培养，使其朝积极的方面发展。

会表达测试：你和孩子的沟通合格吗

“表达始于交流”，这就需要在孩子成长过程中始终陪在他身边的家长，多为孩子创造交流的条件与环境，通过玩游戏、说故事、布置家务劳动等方式，来引导孩子开口、整理思路。以下这些测试，适合孩子年龄在 3～6 岁左右的家长，通过这个测试家长可对自己与孩子的沟通是否合格作一些了解。

1. 你经常和孩子一起玩耍吗？（是 □，否 □）
2. 你能经常倾听孩子的话或烦恼，并考虑他的意见吗？（是 □，否 □）
3. 你经常对孩子微笑，或用眼神向他传达自己的爱吗？（是 □，否 □）
4. 你经常拥抱或亲吻，并对孩子说出对他的爱吗？（是 □，否 □）
5. 你会主动和孩子打招呼或主动向他询问吗？（是 □，否 □）
6. 你能耐心回答孩子提出的各种问题吗？（是 □，否 □）
7. 你经常给孩子讲故事，或听他讲故事吗？（是 □，否 □）
8. 你知道孩子的优点和缺点，并向他指出来吗？（是 □，否 □）
9. 你会经常鼓励和表扬孩子，而不是频繁责备或贬低他吗？（是 □，否 □）
10. 你会发现或察觉到孩子细微的情绪变化和身体发育吗？（是 □，否 □）
11. 你能爱孩子的所有，而不只是偏爱他的某些优点吗？（是 □，否 □）
12. 你会和孩子分享你或其他人的快乐，或分享孩子的快乐吗？（是 □，否 □）
13. 当你心情不好而迁怒于孩子时，你会向他道歉吗？（是 □，否 □）
14. 你会合理公正地向孩子提出要求，而不仅仅是单纯地向他发号施令吗？（是 □，否 □）
15. 你会在一定限度内给孩子自由发展空间，接受并鼓励孩子的个性发展，而不总是控制他吗？（是 □，否 □）
16. 当孩子对你的观点或意见有疑议时，你会心平气和与他说话吗？（是 □，否 □）
17. 在处理某些事情上，你会认真考虑孩子的意见，并鼓励他大胆说出来吗？（是 □，否 □）
18. 你是否经常给孩子按摩？（是 □，否 □）

★ 评分标准：

答案肯定记 1 分，否定记 0 分。

总分在 14～18 分，你与孩子之间能保持较好的沟通，还能充分运用语言、肢体动作、眼神等，与孩子建立沟通的桥梁，传达自己的爱，这对培养孩子心理素质、大胆开口、准确捕捉他人想法非常重要。

总分在 10～13 分，你对孩子的爱和耐心能够传达给孩子，具有一定的沟通能力，但在沟通中无法完全平等地与孩子交流，并且没有真正意识到孩子心理发展能力。如果你能试着以朋友的身份与孩子平等沟通，相信对建立和谐的亲子关系以及培养孩子的表达能力更有帮助。

总分 8～12 分，你的沟通水平欠佳，不了解孩子的内心世界，与孩子缺乏深层次的沟通，在培养孩子表达能力之前，最好先多关注、了解一下孩子的情感和真实想法，加强与他的沟通。

总分在 8 分以下，你的沟通水平比较差，孩子无法从你那得到足够的关怀、安全感、信任等，你最好咨询相关的专业人士，进行改进。

第二章　培养孩子表达能力的关键

影响孩子表达的关键因素

培养表达能力，就像是培养一株幼苗，采取正确的方法能令幼苗长成参天大

树；相反，一旦出现偏差，幼苗就可能被摧毁甚至是连根拔起。为了能够让这棵“幼苗”在经历风雨后仍能茁壮成长，就需要我们找出可能会影响孩子表达的因素，并逐一予以击破。

悠悠的爸爸、妈妈工作很忙，平时奶奶与他相处的时间最长，奶奶身体不好，还有耳聋的毛病，但对这个孙子是非常尽心的，每天换着花样给他做好吃的，带他出去玩，可是悠悠变得越来越沉默，除了和奶奶说几句话外，根本不怎么理其他人，有时爸爸或妈妈步步“紧逼”，悠悠才会不情愿地说一两句。正当爸爸妈妈着急的时候，悠悠奶奶需要回老家很长一段时间，无奈夫妻二人只能将悠悠送去长托。

爸爸妈妈原以为沉默寡言的儿子会不适应幼儿园的生活，一定会哭个不停，不想再去。让他们没想到的是，一周后他们将悠悠从幼儿园接回来，他变得爱说话了，一开始还有点羞怯，但禁不住爸爸妈妈的“勾引”，滔滔不绝地说起了幼儿园里发生的事情。说着说着，他还兴奋地问妈妈：“咱们下周是不是还去幼儿园？老师给我们布置作业了，让我们周末的时候好好观察家人的生活，上课时我们都要上去讲呢！”

看着儿子兴奋的脸庞，爸爸妈妈感到既欣慰，同时又很不解，为什么悠悠在家里不爱说话，去幼儿园后却像变了个人似的？

可以说，在悠悠的语言发展甚至表达能力培养方面，家庭起到了一个负面作用。悠悠身边虽然有三个大人，但是爸爸妈妈无暇与他沟通、交流，奶奶虽然长时间陪伴他，却因为身体原因同样无法正常与他交谈，久而久之，悠悠在这种环境下由于缺乏开口的机会，不仅丧失了说话的欲望，性格也变得内向了。而当他到了幼儿园，在这个大环境下，悠悠在挑选交谈对象时有了更大的选择空间，再加上老师通过组织演讲等方式加以引导，慢慢地就变得开朗爱说话了，语言表达能力相对以前也有了明显的提升。

由此，我们可以看出，影响孩子表达的因素主要有三点：

1. 家庭语言环境

家庭是孩子的第一语言课堂，什么样的家庭语言环境，往往就会造就什么样的孩子。家长如果比较内向，不善于使用语言交流，孩子也有可能受其影响，变得沉默寡言。相反，家长如果能言善辩，孩子在其影响下就有可能积极与人交谈，从而为培养表达能力打下基础。

2. 幼儿园语言环境

幼儿园可以说是孩子的第二语言课堂，对于长托的孩子来说，甚至可以上升为第一课堂。在幼儿园中，老师将会代替家长的职责，通过游戏、比赛、授课等方法，充分调动孩子发言的积极性，对他们进行必要的口语训练。在这一期间，孩子的语言天赋不断被挖掘，他们在天性的驱使下慢慢打开自己的心扉，不管一开始说得好与坏，都乐于去尝试，久而久之，表达能力得到了一定的锻炼。

3. 孩子自身的性格

性格与口才有着密切的联系，开朗、活泼的孩子往往很自信，说起话来侃侃而谈，具有突出的表达能力。而一些内向的孩子往往是沉默寡言的，他们听得多，说得少，表现欲不强，缺乏口语训练的机会，久而久之就会对表达能力造成影响。

当然，影响孩子表达的因素绝不仅只有这三点，需要我们在日常生活中仔细观察，并找出适合的解决方法，这样一来才能让孩子的表达能力更进一步！

培养孩子表达能力宜早不宜晚

通常说来，及时得到语言能力开发的孩子，要比未及时得到语言能力开发的孩子掌握更多的词汇，而且他们多数都口齿伶俐、思维清晰、语言流畅、理解能力

强。因此，如果想让孩子赢在起跑线上，家长一定要尽早开发他们的语言天赋，培养他们的表达能力。

卡尔·威特是19世纪德国著名的神童。他五六岁的时候就已经认识并可以熟练运用三百多个词汇；八岁就掌握了德语、法语、意大利语、拉丁语、英语和希腊语等6种语言；九岁就考上了大学，十四岁已经成了博士。卡尔·威特在语言方面所表现出来的超强能力与他父亲对他科学而又严格的早期语言教育密不可分。

老威特认为，对孩子的语言教育不但要重视还应该开始得早。所以，当威特刚刚15天大的时候，老威特就开始教他说话了。刚开始，他在小威特眼前伸出一根手指，小威特看见后就想要捉住它，最初由于看不准总也捉不到，后来终于捉到了就表现得非常兴奋，然后把老威特的手指放在嘴里吸吮起来。这时候，老威特就会慢慢地、柔和地、清晰地反复对小威特发出“手指”、“手指”的声音，让他去倾听。到了小威特有了一些辨别能力的时候，老威特便把周围的很多东西逐个拿给他看，然后用缓和清晰的声音重复这些物品的名称。就这样，小威特没用多久就可以清楚地说出许多词汇了。久而久之，老威特的这种教育方式让小威特很自然地将物品和父亲在自己眼前晃动的东西联系了起来，这也让他逐渐明白了周围的每一件东西都有其特定的名称。

老威特对卡尔·威特语言天赋的开发和教育得到了斯特娜夫人等众多儿童早教专家的认可，他们把这种方法也用在了自己孩子的身上，都取得了令人欣慰的成果。

虽然说孩子的语言天赋越早开发越好，但在这个过程中也是有很多问题需要注意的。

1. 及时对孩子发出的音节做出回应

当孩子发出第一个音节时，家长必须立即给予回应。比如，孩子发出“ɑ”的声音，家长就要立即“ɑ-ɑ-ɑ”地回应。孩子得到了父母的回应，就会刺激他反复地发音。当家长教孩子发音时，有时即使孩子的回应不是非常清晰，家长也要用积极的回应给予他鼓励。形成这样的习惯之后，孩子的语言天赋便会得到最初的开发。

2. 从孩子身边的物品开始练习

当孩子能够正确发出一些音节，并具备了辨别能力之后，就可以考虑对他进行一些词语方面的“刺激”了。这些词语最好出自孩子身边的一些常见物品，比如孩子的小床，客厅的电视，餐厅的桌子、椅子、吊灯等，把这些东西的名字用清晰、柔和的语调反复地念给他听，他的词汇便会渐渐地丰富起来。不过，在实行这一教育时，一定要注意循序渐进，先易后难，并每天坚持练习，这样才能有所收获。

抓住孩子表达能力发展的关键期

会表达是各种能力的综合表现，但说到底，与其最有渊源的要数语言表达能力，可以说语言发展的关键期就是孩子表达能力发展的敏感期，在这个关键期内，如果对孩子进行训练，使其很好地掌握语音、语调、措辞、表达方式等，对其日后的表达能力培养具有很大的促进作用，同时能令孩子的智力、理解能力等得到一定的提高。相反，如果错过这一时期，孩子的语言发育就会变得缓慢，出现表达能力差等缺陷。

小聪说话年龄比同龄小朋友都早，每天叽叽喳喳地说个不停，让忙了一天回到家想休息的爸爸妈妈感到十分头痛。为了获得片刻安静，只要小聪开口说话超过几分钟，爸爸或妈妈就会厉声喝止："我在忙呢，你

跟别人说去。”“别说了,光说话怎么看电视!”……久而久之,小聪的话越来越少了。对此,小聪的姥姥向女儿、女婿提出了自己的担忧,他们却并不担心,认为小聪天生话多,一旦少说一点就会给人留下“话少”的印象,而且孩子现在还小,话少也是到了认生期,过一段时间就好了。让爸爸妈妈没想到的是,随着年龄的增长,小聪的“话少”非但没有好转,反而愈加厉害,一着急起来一个完整的字都说不出来,这时他们才意识到孩子出了问题。

与小聪相反,在小欢两岁时妈妈发现她不怎么爱说话,即使开口说话也往往词不达意。为了能让女儿多开口说话,妈妈买了很多简单的彩图绘本,每天都带着小欢一起读、一起练习背诵,甚至在做家务或者做其他事情时都会将故事或歌谣联系起来说。大概过了几个月,小欢终于能看着图片读出书中的文字,妈妈并没有松懈下来,她还鼓励女儿多和幼儿园或邻居家的小朋友一同唱歌、玩角色扮演游戏等。经过妈妈努力的培养,小欢变得开朗起来,话也逐渐多起来,不仅能流利地与人交谈,经常参加幼儿园举办的演讲比赛,还取得了第三名的成绩呢!

小聪和小欢的情况不同,最后造成的结果也是截然相反的。小聪虽然说话年龄较早,可是爸爸妈妈无意识的“阻挠”,使他失去了比较好的语言成长环境,语言能力明显出现倒退,根本谈不上表达能力,就连正常说话也很困难。小欢的情况正好相反,她的语言发展虽然有些缓慢,但是妈妈并没有放弃,而是抓住了孩子在这个时期的语言特点,采用了正确的语言学习方案,终于使小欢由一个话都说不好的孩子,变成一个能说会道的小演讲家。

从小聪和小欢的经历中我们可以了解到,二者的转变都是在语言发展关键期的作用下完成的,如何更好地利用关键期,将其作为培养孩子语言能力的手段而非阻碍,是我们每一位家长都应掌握的。而要做到这一点,就需要家长了解孩子学习语言的不同年龄特点，因材施教，发掘训练重点。

1. 第一阶段：预备期(0～1 岁)

预备期又叫做“先声期”，孩子在这一阶段会发出简单的音，并能初步理解一些发音的意思。预备期真正发起时间为 3～6 个月，在这期间孩子开始意识到语言的存在，并试图用吐口水、无意识的呢喃等方法发音；而到了 7～8 个月左右，这种发音方法有了明显提高，在发音的同时还能改变音量，并能学大人重复单一音节，如“爸爸”、“妈妈”等。9～10 个月，孩子能理解大人语言，并用手势、表情配合发音来表达自己的意愿。

在这一阶段，爸爸妈妈要做的就是尽快有意识地开始与孩子进行交流，利用喂奶、换尿布、散步、哄睡、游戏等机会与孩子多说话，多用眼神交流，让他沉浸在充满温情的“语言世界”中；同时，还可将周围各种事物用清晰、准确的名称说给孩子听，尽管他此时可能并不明白，但至少可在脑海中留下一定的印象。

2. 第二阶段：语言发育第一期(1～1.5 岁)

在语言发育第一期，此时孩子的语言发育有了明显的提高，他们不仅能使用简单的字或发音(通常使用在表述动物名称上)，还会同时配合手势、表情等来引起大人的注意。不仅如此，随着听力和大脑的不断发育，他们还能对听到的声音进行模仿(医学上称之为回音)，模仿的通常为一句话中的最后 1～2 个字或一个词。由于孩子的模仿发音到了两岁左右就会消失，家长应及时利用他们这种复述的特点，陪他们读书、玩声音游戏、给他们介绍名称等，从中教他们一些简单的词汇。

3. 第三阶段：语言发育第二期(1.5～2 岁)

这一阶段也被称为“称呼期”，这是因为随着孩子词汇量的增加，他们变得爱说话，特别是喜欢询问物品的各种名称，不过由于认知发育尚未完善以及经验较少，他们往往只知名称、不知名称对应的物品，经常闹出“指鹿为马”的笑话。此外，孩子还能懂得听指令做事，家长可以从他们感兴趣的事物开始，通过背诗歌、看图、识文字等方法，发出指令，帮助孩子将名称与物品对应起来，并引导他们说出来,这对于语言表达能力是一个很好的锻炼。

4. 第四阶段:语言发育第三期(2～2.5 岁)

在这一阶段与第四阶段(下面会介绍到)被称为口语发展的关键期。在这一阶段中,孩子的语言范围逐渐从单个字或词组过渡到短句(如感叹句、疑问句等),并学会使用你、我、他(她)等人称代词。为了满足自己的求知欲望,孩子还会通过观察或倾听大人的说话,“自学”语法或理解语句的意思。尽管他们每一次的学习或理解并非正确,但这也是一个很大的提高了。

5. 第五阶段:语言发育第四期(2.5～3 岁)

这一阶段又被称为好问期,这一年龄的孩子大脑皮质中支配语言的神经组织逐渐发育成熟,令孩子不仅喜欢提问,还能学会使用比较复杂的句子。为了配合孩子的发育特点,我们应在这一时期重视孩子的提问,不管孩子问什么,都要予以充分的肯定与重视,尽可能地回答。如此一来,便能加强与孩子的沟通,同时也能对规范孩子的语言起到推动作用。

6. 第六阶段:语言发育第五期(3～6 岁)

这一阶段被称为语言完备期,由于这一年龄段的孩子已掌握了大量的词汇,再加上观察力的提高,令他们可以通过大人的言谈,随时调整自己对词汇的掌握以及语法的应用,从而形成真正的语言,并逐步形成语言应用的能力。在这个阶段,家长可通过讲故事、朗诵诗歌、看图识字等方式,来培养孩子精确的语言表达能力、丰富词汇的掌握,以及充实他们的知识。

这五个阶段从 0 岁一直到 6 岁,跨度可以说是非常大的,这要求我们循序渐进地进行引导,千万不可急于求成,以免令孩子产生抵触情绪。

温馨提示:孩子在 6～13 岁时还会进入第七阶段——语言发育第六期,这一时期被称为语言发育最佳期,即这一年龄段的孩子自我意识越来越强,他们对向外表达自己有着强烈的欲望,此时如能对他们进行系统的表达培训,并提供展示的机会,必定能使孩子的口头表达更上一层楼!

怎样才能让孩子早点“能说会道”

会说话，是表达训练最重要的前提，只有在会说话后，孩子才有可能在此基础上熟练掌握词语、句子的运用，最终达到说话有条理、用词精彩得当的程度。那么，孩子一般什么时候能开口说话呢？大多数孩子在满周岁后就能说话了，但有的孩子说话时间却相对较晚，除了个体的生理发育差异，造成这一差距还与外部条件——与成人的交流情况有很大关系。换句话说，孩子能早开口说话，且说话能力较强，很大程度上得益于家长的早期教育。

小樱刚出生时，医生告诉她的妈妈，小樱由于早产，发育可能会受到影响，除了她的妈妈外，家里的人对此都非常沮丧。可是小樱的妈妈却说：“小樱只是早出来一步而已，我不相信我的女儿不能正常说话。”

从医院回家后，妈妈便每天都与小樱说话，刚开始小樱对妈妈的话反应很弱，但妈妈并不灰心，只要小樱睡醒了，就对她唱歌、微笑、说话。为了能和女儿多“交流”，妈妈还利用给小樱换尿布、喂饭、把尿、洗漱、洗澡等机会。总之，想到什么，看到什么，都会对小樱说。

慢慢地，小樱对妈妈的话有了反应，听到妈妈的安抚声能够咧嘴笑或“咿呀”的撒娇，听到妈妈的小责怪能嘟着嘴或委屈地皱眉，听到妈妈为她打气的声音就会晃动着小手和小脚……

到了一周岁左右，小樱终于能发出“爸爸”、“妈妈”等简单的音；一周岁半左右，可以说出一些简单的短句；两岁时，小樱能说的话就更多了，而且对妈妈的话也能更好地理解。妈妈想要扫地，就对小樱说：“扫帚在哪里呢？”小樱就会过去把扫帚拖出来，喊着：“在这儿呢！”妈妈说：“咱们睡觉吧！”小樱就会将被子掀开，钻进被窝里，说：“我睡觉了。”

就这样，在妈妈的努力下，小樱慢慢长大了，她能说的话越来越多，理解力也越来越强，没有一个人相信，她曾经是医生口中的“发育迟缓儿”。

小樱身上存在的问题是先天的，但是通过妈妈后天的努力，出现了明显的变化。她的成长故事告诉我们，与先天因素相比，后天培养也同样重要，想要让孩子早开口说话，光靠“顺其自然”是不行的，家长必须采用相应方法对孩子进行语言刺激。

1. 尽早与孩子“对话”，进行声音刺激

孩子出生后，就会对声音有反应。听到声音后他会去找声源，听到大人的呵护昵语后，他就会表现出高兴的样子。因此在这一时期，我们一定要多和孩子“对话”，尽可能地让他们接触到更多的声音。“对话”的内容并不仅限于说话，只要是能发出声音的，包括音乐、敲打声、歌声、讲故事以及自然界中的各种声音等，这些声音应交替穿插，避免给孩子单一的声音刺激。除了与孩子多“对话”外，爸爸妈妈也可以当着孩子的面交谈，无时无刻为其创造良好的说话氛围。

2. 使用“妈妈语”

妈妈语并不是指儿语，而是说话时不自觉地放慢语速、拉长音节、提高音调、元音重读，并且用夸张的语气说出一些简单的词语或句子。这种说话方式在孩子听来比较悦耳，能吸引他的注意力，使他从声音中接收的信号增强，接受到更多的讯息，同时也更容易理解妈妈所说的话，为以后的说话提供“模仿素材”。

使用“妈妈语”说话，一般多用在日常生活中。孩子睡醒后，妈妈先抚摸他的脸颊，用“妈妈语”的语调问：“宝宝，你睡得香吗?”吃饭时，尽管孩子只能喝奶或吃简单的辅食，但也最好让他“参与”到全家用餐中，让他闻一闻饭菜香气，并对他说：“看，咱们家的饭真香啊，是不是?”除了生活中可以观察到的场景外，妈妈也可将自己的所见所闻或心事作为“妈妈语”的使用对象。如丈夫下班快回来了，妈妈对孩子说：“爸爸现在在小区门口呢，咱们一起迎接爸爸吧?”妈妈带孩子出去散步，对他说：“今天天气真好啊，让妈妈的心情很好，宝宝的心情是不是也很好呢?”

3. 做孩子的“导游”，让他们看物(图)说话

孩子刚刚来到这个世界，所有的事物对他们来说都是新奇的，如果你看到孩子正在左顾右盼，这说明他们正在用自己的方式了解这个世界。这个时候，我们不要刻板地将自己所想传达给孩子，而是随着他注意力的指向来进行解说，如“这是一棵树”、“那是一个娃娃”……这种解说式的“导游词”对提高孩子的语言能力非常有效。如果孩子没有主动观察的习惯，不妨在他们面前摆放各种物品或图画等，为他们进行解说，从而刺激他们开口说话。

4. 说孩子所想，做出积极回应

我们经常可以看到，孩子会发出“咿咿呀呀”的声音，这并不是他们无意识地发音，而是他们表达自己的一种方式。如果我们忽视了，久而久之孩子就有可能因需求得不到满足而不再有“开口”的欲望。这就需要我们通过仔细观察以及日常经验，了解孩子发音所指向的内容，从而帮助他们将想说的话表达出来。例如，宝宝指着杯子“咿呀”时，就可以说：“这是杯子，你要喝水吗?”如果想要提升孩子

的认知能力，不妨对语句进行修饰，如“这是蓝色的杯子，小杯子。”这种叙述实际上也是对孩子的一种积极回应，能够在鼓励孩子说话的同时，增加他的词汇量，这些都能促进他努力学说话，为以后开口说话乃至表达能力的培养做好准备。

5．让孩子成为“歌唱家”

有的孩子对音乐比较敏感，对他们来说，歌声比单纯地说话更令他们感兴趣。如果你的孩子也有这样的表现，不妨在合适的时间，给他们放一段节奏明快的歌曲，或亲自为他们唱一首歌谣，歌谣的内容最好能用具体动作表示出来，如唱《找朋友》这首歌，家长就可以引导孩子一边唱歌，一边做出“行礼”、“握手”等动作。

训练孩子“说话”方法须得当

有的人这样认为：表达不就是说话吗？用不着刻意去训练，孩子自己学着学着就会了。还有的认为，学表达就是不断地让孩子去说、去练、去背、去记，只有这样才能练出好的表达能力。我们说，这两种观点都是比较极端的，前者采取放任自流的态度，后者则是步步紧逼，这两种做法实际上都忽略了孩子的需求。只要是孩子，不管是哪一年龄段的，在训练某些能力时都有一定的局限性。为了打破这一局限性，就需要我们在训练时注意使用正确的方法才能培养孩子的说话能力，提高他们的语言表达能力。

欣欣的爸爸妈妈由于工作忙，在女儿一岁多时就将她送到住在另一个城市的爷爷奶奶家，直到三岁时才接回来。此时的欣欣虽然没有他们预期的那么认生，有时也会主动说话，但只肯说日常用语，而且用词也非常简单，通常只有几个字，如“我要……”(同时手指着某个物品)、“我不……”，总是不肯把意思说完整，而每当这个时候，父母总是放任自由，全力满足孩子的需求，久而久之，孩子的语言表达能力比同龄小朋友低一大截。

为什么聪明伶俐的女儿语言表达能力这么差呢？欣欣妈妈咨询了一位育儿专家，育儿专家仔细询问了欣欣的情况后，告诉欣欣妈妈：“我觉得欣欣的问题与你们的教育有关，她在开始学说话时，没有一个良好的普通话环境，这是其一。其二，你们全家对欣欣太娇惯了，对她照顾无微不至，孩子几乎不用开口就能得到满足，自然而然地她就会变得‘偷懒’了。训练孩子说话，可没有你们想象的那么简单。”听到这里，欣欣妈妈心悦诚服地点点头。

像欣欣这样的例子在现实生活中其实是很多的。孩子小时候学习语音，主要靠的就是模仿，如果周围大人说着一口方言，孩子必定也会说着相同语调的话。

此外，孩子从开始学会发音到说话，是一个很长的过程，“说话”对他们来说是与大人交流沟通的主要手段，他们用“说话”向大人传达自己的需求；当获得回应，需求被满足后，他们开口的欲望就会被再次激发，如此往复，孩子的语言表达能力就会增强，为表达能力培养打下基础。但是，当他们发觉自己的需求通过手势、表情也可以得到满足，对语言的探索本能就会减弱很多。

因此，我们在培养孩子表达能力之前，一定要为孩子创设一个普通话的语言环境，在此基础上鼓励他们多听、多说、多看、多接触新鲜事物，以丰富他们的语境、词汇等，达到提高口才的目的。一般而言，训练孩子表达能力可从以下几个方面入手：

1. 教孩子说普通话

在日常生活中，家长要用普通话与孩子说话，并鼓励他多与说普通话的孩子一起玩，用普通话朗诵诗歌、读故事。如果家长说普通话有困难，可以使用有标准普通话播音的磁带或 CD 等，或者让孩子看电视，引导他去模仿。

2. 避免使用儿语

儿语是指在幼儿时期，孩子在刚会说话时发出的单音重复话，如“觉觉”、“饭饭”等，有的家长也喜欢用这种儿语与孩子交流，认为这样说话更容易引起孩子注意，乐于接受。但是，这种做法对以后的表达训练并没有好处。儿语并不是正规的语言，它只存在于孩子语言发育过程中，是语言能力低下的一种表现，如果家长经常使用儿语说话，长此以往势必会束缚其心智发育，不仅会影响孩子说话能力，对他的成长也极为不利。因此，家长要用正规的语言与孩子说话，如果孩子用儿语向家长提出要求，家长不要立刻满足他，而是先让他重复一遍正规用词。

3. 多给孩子鼓励与表扬

当孩子从不会发音到发出简单的音节，从只会简单发音到说出简单的字或词再到完整的句子，这对他们来说绝不亚于一个伟大的成就，此时如果我们能给予一句鼓励与表扬的话，将会成为他们继续前进的动力。我们所说的鼓励与表扬，既不能毫无原则，又不能惜字如金。想要利用它来发掘孩子的表达天赋，并令孩子得到快乐，就需要掌握一定的方法。

(1) 表扬要具体:孩子的认知能力尚未完善,“你真厉害”、“你真聪明”诸如此类的表扬只会令他们感到迷惑,不知道自己刚才究竟说了什么会获得表扬。因此,我们在表扬时一定要有具体的指向,将其落在实处,如“你刚才说的话发音很准确,再让我听一遍吧”、“你没有把这个字读错,我真为你感到高兴”……

(2) 引导孩子说出结论:有时孩子即使发出正确的音或语法正确,但自己并没有理解或意识到,这时我们可以引导孩子说出对自己的表扬。如,家长:“这首儿歌对你来说有点难呐。”孩子:“嗯,不过我还是背出来了。”家长:“大家听了后好像都很激动。”孩子:“我用感情了。”

(3) 适当“夸大其词”:孩子的情绪有时候是需要被“煽动”,才能充分调动起来的,适当地夸大他们的成绩,往往更能调动他们的积极性,进而促使孩子产生获得更大进步的欲望。当然,夸大其词并不是无限制的,对孩子的鼓励和表扬还是要发自内心,任何虚伪或做作都有可能令孩子产生质疑,或者过分抬高自己。

4. 切勿使用命令式的口吻

培养孩子口才,并不只是一个训练,事实上它涉及日常生活的各个方面,如果我们始终采用居高临下的姿态对孩子发出指令,可能会令孩子产生逆反心理,有可能采用故意作对或者拒绝说话等方法来“对抗”,久而久之,他说话的欲望就会越来越弱,严重者甚至可能出现“语言自闭”的情况。为了避免这一问题出现,无论是教孩子学说话还是进行口才训练,我们都要将自己放在与孩子平等的位置上,从孩子的角度去思考问题,提出自己的想法和意见,作为孩子参考的资料。对于一些非原则性问题,不妨使用商量的口吻,如“你刚才让奶奶帮你洗苹果,用了‘请’,这非常好。如果能在后面加上‘谢谢’,那就更好了。”这样,既指出了孩子的进步,又可以对他提出更高的要求,何乐而不为呢?

5. 利用图画书进行训练

带有图画的图书,由于文字比较简单,而画面又非常形象生动,容易引起好奇心强的孩子的兴趣,便于他接受。在使用图画书时,我们不要照本宣科,书上写着什么就念什么,而是要将图画与文字结合起来,充分发挥想象力,用形象、生动、简洁的语言讲出来，这种叙述方式非常适合儿童口语特点，便于他们记忆和复述。当孩子年龄大一些时，家长就可以“退居二线”，让孩子对着图画说话。这种方法对于培养孩子的语言表达能力和想象力大有好处。

6. 培养口才时，语言游戏必不可少

游戏几乎是每个孩子都非常喜欢的，他们在玩游戏的时候往往能全身心投入，并且会对游戏内容留下深刻印象。我们不妨利用孩子的这一特点，将一些口才训练内容设计成小游戏的形式，如说绕口令、传话、角色扮演等，让孩子在玩乐中不知不觉学会说话，完成口才训练的任务。

会表达是练出来的

生活中，经常能听到有人这样形容孩子：“这个小孩真会说话，真是天生的好口才，听他说话心里真舒坦。看看我家的孩子，让他在大家面前说句话，得费半天口舌，末了说出的话还不中听。”家长的这种评论对孩子来说并不公平。在这个世界上没有天生的好口才，表达能力的好与坏是靠后天练出来的。

前日本首相田中角荣是一个口才极佳的人，然而让人很难相信的是，他在小时候患有严重口吃。田中角荣因为说话困难，经常被小朋友、同学欺负作弄，一次他不小心将灯泡打碎，情不自禁地喊了一声。这一声让田中角荣醒悟过来，说话原来是感情和思想的流露，为了能更好地表达自己，他决心把口才练习好。

田中角荣在练习过程中发现，自己并非绝对的口吃，在某些场合下并不口吃，他决心找到纠正口吃的突破口。一次，他参加话剧演出，争取到了一个角色。只要一有时间，田中角荣就苦练台词。他常常朗诵、慢读课文。为了准确发音，田中角荣还经常对着镜子纠正嘴和舌根的发声动作，并在背诵台词时播放音乐，他认为台词与音乐配合就等于唱歌，唱歌是不可能口吃的。经过刻苦的练习，田中角荣在台上成功演绎了自己的角色，赢得满场喝彩。而经过这次演戏后，田中角荣的口才也有了突飞猛进的提高。

田中角荣的经历告诉我们，会表达是持之以恒练出来的，他正是通过反复琢磨与练习，才练就了过硬的口才，成为政坛上叱咤风云的大人物。对于孩子来说，同样也要将练习始终贯穿在表达能力培养的过程中。

1. 练习口才需要持之以恒

口才不是一种天赋，它与其他能力一样，都是靠刻苦训练习得的。训练的过程是一个循序渐进的过程，孩子从不会说话到张口交谈，从简单的日常用语到熟练的演讲用词，这些需要他们付出大量的精力与汗水，不断地用知识充实自己，这些绝非能一蹴而就的。只有怀着一颗持之以恒的心，才可能走完训练路程，最终达到口熟、心熟的程度。

2. 区分情况做好练习

有的孩子在家里说话从容自如、非常流畅，可是一站在人多的地方，就舌头打结，说不出话。这种情况说明，孩子的说话障碍是与一定场合有关的，那么我们就要先对产生这种情况的原因进行分析，然后对症下药，孩子的恐惧心自然就可以克服了，有了心理保证，孩子不管在哪里都能做好表达练习，只要敢说多练，你的孩子也能成为口若悬河的表达高手。

第三章　为孩子营造培养表达能力的氛围

父母是培养孩子表达能力的启蒙老师

家庭语言环境是激发孩子良好口才的因素之一，而在家庭中，对孩子口才培

养起关键作用的是父母。从孩子出生之日起，他们就像是一株萌发的小芽，“贪婪”地从父母那里汲取“营养”，学习成长中需要的一切本领。父母对孩子而言，就像一个启蒙老师。正因为如此，想要培养孩子的优秀口才，营造良好的口才氛围，首先需要父母从自身做起，为孩子带好头。

晶晶6岁了，在大人眼里，她是一个聪明懂事的女孩，可是唯独有一样让大人很头痛，晶晶不太爱说话，特别是一到过年过节，家人一起团聚，兄弟姐妹们都能在大人面前大大方方地表演，只有晶晶一个人放不开，不是说着说着就卡壳了，就是扭扭捏捏，不愿开口。妈妈并没有让女儿成为“小演员”的想法，但至少希望女儿像别的孩子一样能说会道。

有一次，妈妈的公司举行年会，需要彩排，正赶上晶晶的幼儿园放寒假，妈妈带着晶晶一起去彩排现场，自己上台排练，让晶晶在台下等着。就这样，连着过了十几天。

开学后，晶晶的幼儿园举行开学晚会，班级里的小朋友半开玩笑地推选晶晶代表班级表演节目。妈妈听后并没有放在心上，认为女儿根本不会表演，很快就会被撤下来的，因此并没有按照晶晶的要求去找老师。到了开晚会那一天，家长们也应邀参加，晶晶妈妈惊讶地发现，站在舞台上的女儿并没有想象中的那么害羞，相反，她的一举一动、一言一词都比较流畅，节目表演很成功。

回家后，妈妈问晶晶：“你这是跟谁学的？表演得这么好？”晶晶不好意思地说：“这是跟妈妈学的，上次妈妈表演时我在底下看着，然后就学会了。”听到这里，妈妈意识到，女儿以前不是不会说、说不好，而是没有人引导她。从那时起，妈妈就有意识地在晶晶面前多说话，陪她一起背诗、朗诵……慢慢地，晶晶从不敢开口说话，逐渐变得能言善道。

晶晶在妈妈的启蒙下，慢慢地变得爱说话了，表达能力也有了很大的提高，我们不得不说，父母对孩子的成长有着非常大的影响，能说会道的父母往往会有一个会表达的孩子。

为什么这么说呢？孩子的语言发育是一个连续的、有顺序的发展过程，而表达能力就是在语言发育中生成的。孩子在一岁半时会发出一些单音节，两岁时会说一些简单的句子，三岁时开始学说复合句，这些实际上是一个连续的不能中断的过程，父母只有持续陪伴在孩子身边，才可能保证这一过程的顺利完成。但是，只有陪伴是不够的，孩子受到年龄、体力等条件限制，无法与外界发生直接联系，与他最亲密的就是父母了，想要学会说话，掌握说话的技巧，就只有从父母那里获得帮助。从这一点来看，我们称父母是培养孩子表达能力的启蒙老师并不为过。

当然，父母的精力毕竟是有限的，无法时时刻刻教孩子，但是并不是说父母此时没有履行“老师职能”，事实上，孩子具有强大的模仿力，他们非常喜欢模仿身边的人，父母就是孩子最早的、最愿意模仿的对象。如果父母在日常生活中，多使用正面的、积极的、文明的语言，孩子模仿后，在很大程度上会促进孩子良好表达能力的形成。

由此可见，孩子表达能力的强与弱，取决于父母的教育和影响，在良好的语言环境下，如能进行正确的语言启蒙，与孩子进行恰当的交流和沟通，就能让孩子充分汲取到雨露与阳光，从肥沃的土壤破土而出，令孩子妙“语”生花。

和孩子一起制订“表达能力培养计划”

对于孩子表达能力的培养，很多人一开始并没有具体目标和方法。在孩子牙牙学语时，仅仅是为了逗弄孩子，发出一些简单的音节；而到了两三岁时，又认为孩子说话不用人教，自然而然地就学会了，于是便撒手不管；到了大一些时，为了让孩子不落后，又为他做了紧密的安排。这三种做法都是不值得提倡的，前两者属于“放任自流”，很容易错过孩子语言发展的关键期；而后者则属于“填鸭式教

育”，不顾孩子具体情况，一股脑地将训练内容塞到孩子脑袋里，这实际上是做了“拔苗助长”的无用功，即使孩子掌握了一些表达的技巧，也只是表面功夫。

案例

说起孩子表达能力的培养，王清总是后悔不迭。孩子出生后，忙于工作的她根本没时间陪孩子说话，更别提训练孩子语言表达能力了。在孩子还小的时候，说话能力强不强还看不出来，但是当孩子大一些后，就可以看出他的表达能力明显不如一些同龄孩子。眼看着孩子落后了，王清可着急了，她向同个班级的孩子妈妈进行询问，得知对方每天都让孩子朗读、背诵，便为孩子制订了一个计划。

这份计划的内容是这样的：周一背诵古诗，周二讲故事，周三朗读文章，周四……起初，王清和孩子对这份计划安排都觉得很新奇，刚开始一两周都能坚持，可是过了一段时间，孩子觉得太累了，每天到了时间就想方设法逃避学习。王清呢，工作一整天后，回家还得帮孩子完成学习内容,也觉得非常累,有时候面对孩子的"偷懒"她也就"睁一只眼闭一只眼"地放过了。就这样,原本每晚都要进行训练变成"三天打鱼两天晒网",孩子的语言表达能力也没能提高。

王清的动机是好的,然而她却忽略了一个问题:孩子各种能力的养成本来是一个从无到有的过程,只有一步步向前走,经过点滴积累,才能够汇成大江大河。如果无视孩子的成长规律,缺乏计划性,盲目行动,非但不会奏效,反而会产生反作用。

这里所说的计划,相当于一个指南针,它能防止我们在表达能力培养的过程中走弯路。计划的内容是由一个又一个小目标组成的,当孩子实现了一个小目标后,就代表积累了一点小进步,日积月累,表达能力自然就提高了。

当然,制订一份计划,不能由家长单独做决断,毕竟孩子才是计划的主要执行人,所以计划的制订一定要有孩子的参与。刚开始,可以由家长做计划并进行指导,孩子配合。当孩子的各项能力有了提高后,可以让他自己做计划,然后与家长一同协商,尽量使计划具有趣味性、灵活性、合理性,避免孩子觉得训练乏味、无聊而失去兴趣。计划不是一成不变的,而是随着孩子语言水平的发展、兴趣爱好的改变适当进行调整,以便在实际生活中更具实用性。

做孩子诉说的倾听者

德国教育家卡尔·威特对于倾听孩子说话是这样理解的,他认为倾听是一种很好的教育方式。的确,在孩子看来,认真听听他说话是对他关心、尊敬的一种表现,在这种情感的包围下,孩子确认自己的发言不会受到轻视和奚落后,就会鼓起勇气对任何事情发表自己的意见,慢慢地,语言表达能力就会形成、发展、提高,令自己的表达能力登上一个新台阶。

峰峰的爸爸妈妈平时工作很忙，只能让他住长托，一周才接回家一次。每次回家，峰峰总是兴致勃勃地给爸爸妈妈讲幼儿园里的故事，和小朋友吵架啦，被老师表扬啦，老师带他们出去玩啦……

峰峰恨不得在一下子就将五天的事情都说给爸爸妈妈听，妈妈爸爸一开始还耐心听，但很快就觉得太浪费时间了，自己还有很多工作、家务要忙。因此后来只要峰峰一说话，他们就装作认真听的样子，手里却忙着其他事，到最后都懒得敷衍了。峰峰似乎意识到什么，慢慢地，他的话越来越少，最后一回家就自己玩，爸爸妈妈和他说话也懒得搭理。这时候爸爸妈妈才意识到问题的严重。他们询问了幼儿园的老师，老师告诉他们，峰峰在幼儿园里很开朗，喜欢说话，不过最近一段时间好像变得沉默了。爸爸妈妈将情况和老师说了，老师告诉他们，峰峰变得不爱说话，是因为父母总是忽略他的话。老师建议他们不管峰峰说什么，都要认真听。

从那以后，爸爸妈妈每次接峰峰回家，都会主动问他在幼儿园里的生活，刚开始峰峰只是勉强说两句。可功夫不负有心人，峰峰慢慢地说得越来越多了。有一次妈妈只是问了他一句“折纸船有趣吗”，峰峰滔滔不绝地说了他梦想中大船的模样，还说自己要当一名轮船设计师。峰峰说了好一会，突然意识到什么似的停住了口，悄悄地看着妈妈，看到妈妈认真地看着自己在倾听，峰峰才又开始说起来……

孩子学会表达，都是从单纯的哭泣到咿呀学语，再到完整的叙述，这个过程预示着孩子逐渐长大，并有了自己的想法。因此，许多时候，相对于大人的指导和教训，他们更需要有人听自己诉说，感受自己的情绪，分享快乐，分担忧愁，这也是峰峰向爸爸妈妈“唠叨”的原因。

遗憾的是，在我们生活中，很多家长因为忙自己的事情或“看轻”孩子，没有聆听孩子内心的想法，以至于孩子慢慢关上心门，不再用语言表达想法。为了让孩子能重新开口，我们要做的就是更耐心地倾听孩子的心声，引导孩子通过语言，把他的所有感受，无论是快乐、幸福、喜悦，还是痛苦、悲伤、忧虑，都倾倒出来。这样，孩子不但表达得到了锻炼，心理上更得到疏导与满足，亲子之间形成良好的互动与沟通，在家庭中营造出浓厚的说话氛围。

想要让孩子说得精彩，先要听听他到底想要说什么，而在这之前，我们应当学会如何倾听孩子的心声。

1. 做好倾听前的准备

倾听并不是单方面听孩子说话就够了，相反，我们一定要表现出与孩子的积极互动。这种互动不一定要出声，有时候沉默的互动效果反而更好一些。在诸多互动中，肢体语言、眼神交流是最直接的。在倾听之前一定要做出“听”的姿势：与孩子的视线一定要保持平视，居高临下只会令孩子感到压迫不安；上身不要过于平直或向后靠，而是稍稍向前倾，这会给孩子传达一个“我非常有兴趣听”的信号；

双手可以自然地放在腿上或其他位置，以便在倾听时能运用手势表达自己的想法，或鼓励孩子继续说下去，但要注意，手决不能捂着嘴巴、抱手臂或者做其他事情，这些举动对孩子意味着“拒绝听下去”。

2. 不要中途打断孩子的倾诉

孩子在表达自己想法时，有时发音不准确，有时话题比较陈旧，有时说话结结巴巴……但这些都不是可以轻易打断孩子说话的理由。因为这样会打乱孩子的思路，有时孩子还会因为紧张而忘记自己要说些什么。久而久之，在这种干扰下，孩子就可能不太喜欢开口说话，即使说话也会因为紧张或担心而无法顺利表达。

3. 不要对孩子的倾诉做过多评价

我们只是一个倾听者，主要任务是听孩子说话，而不是对说话内容大肆发表意见。即使在语言上与孩子互动，也只是履行“鼓励者”或“引导者”的职责，即激发孩子倾诉的欲望，或引导他们对话题进行深入叙述，进而自己作出分析判断。如，认真地看着孩子的眼睛，若有所思地说：“我想你当时一定很吃惊”、“我跟你想的一样”……；你也可以握住孩子的手，或抚摸他的身体，对他说：“我明白……”

4. 通过恰当的表情让孩子知道自己的倾听

孩子是非常敏感的，他们能通过辨认家长的表情，来判断是否该继续说下去。也就是说，如果我们总是沉着脸，一副漫不经心的样子，孩子就没有了诉说的热情。相反，如果我们在这期间一直保持微笑，根据孩子诉说的内容恰当地做出吃惊、皱眉、忧伤、惊喜等表情，就会大大激发孩子的表达欲，兴致勃勃地说下去。

被倾听意味着被接纳、被了解，也意味着孩子可以通过倾听者的反应感受到自己语言的魅力，并对自己的语言表达能力产生自信。有了这种自信，在以后的成长中，孩子一定会以良好的表达能力赢得关注，获得成功！

要引导孩子多说话，激发他们说话的欲望

当孩子长到三岁左右，对说话越来越有兴趣了，简直就像一个小话匣子一样

藏不住心事，一有点问题或事情，就迫不及待地告诉大人。如果大人没在身边，他们就会对着玩具、小动物、电视等，继续“喋喋不休”。面对这种情况，我们要做的应当是鼓励，而不是制止，同时还应引导孩子提出问题、发表意见，从而激发他们说话的欲望。这种做法其实是等于给孩子提供了一个训练说话的机会，令他们的口头表达能力得到进一步的提高。

和其他小朋友相比，雯雯不太爱说话，显得有点内向。为了能让女儿开朗起来，妈妈爸爸想了一个好主意——让欣欣多提问。妈妈告诉雯雯：“你每天都提出 10 个以上的问题，妈妈和爸爸为你一一解答。我们解答不了，就请你去找答案，然后说给我们听。如果你连续坚持一周，妈妈和爸爸就会给你奖励，你看怎么样？”雯雯同意了。

刚开始，雯雯根本不知道该问些什么，只能向爸爸妈妈提出一些诸如“今天吃什么”、“爸爸为什么要上班”等简单的问题，爸爸妈妈并没有嘲笑她，而是认真仔细地为她解答。雯雯看到妈妈爸爸这么认真地回答自己幼稚的问题，有点不好意思了。

有一天，雯雯刚从幼儿园回家，就跑到屋里。妈妈偷偷打开门，发现女儿在看书。没多久，雯雯就跑出来，向妈妈提问；“为什么有的蚂蚁长翅膀?”、“为什么有的毛毛虫会变成蝴蝶，有的变成蛾子?”妈妈并没有戳穿雯雯寻找“外援”的行为，而是认真地对她说：“这个有点难，妈妈确实不知道，你能告诉我答案吗?”雯雯想了想，立刻大声把刚才查问题时看到的答案说出来。妈妈又说：“我还是有点不明白，你能把它讲得简单一些、有趣一些吗?”这次，雯雯又加上了表情、动作，声音也变得更有感染力。妈妈听完后高兴地说：“谢谢你，我完全明白了，你想要什么奖励?”

没想到，雯雯摇摇头说：“这次不算，这些问题不是我想出来的。我要自己想!”雯雯说到做到，第二天，雯雯回家后神秘兮兮地对妈妈说：“妈妈，我想到一个好问题。你说，为什么绿豆煮汤后有时会变成红色?”妈妈一问才明白，今天雯雯中午在幼儿园喝的绿豆汤是红色的。妈妈摇摇头，雯雯得意地说：“我问老师了，她说绿豆汤变红是氧化造成的。”妈妈向她竖起了大拇指。

自从雯雯爱上提问后，她的小嘴每天都停不下来，提问题的对象除了妈妈爸爸外，还有家里的老人、老师；而在获得答案后，她也并不满足，而是提出自己的看法和意见，有时候她的想法还真能让人感到心悦诚服呢。雯雯向大人提问，在获得答案后还会为小朋友做讲解，当然其中少不了发表自己的看法，就这样，雯雯不仅与其他小朋友沟通没有隔膜，语言表达能力也越来越好。

雯雯的妈妈采用“提问有奖”的引导方法令女儿有了开口的欲望，还引导她掌

握了大量的知识，从而使她的谈话内容更具有意义，也更能取信于人，这正是培养表达能力所要达到的目的之一。

除了提问外，我们还有什么方法能够激发孩子的说话欲望呢？

1. 鼓励孩子把话说完整

鼓励孩子把话说完整，体现在很多方面。比如，在孩子说话时，不管他说出的内容是否有意义或吸引人，都不要随意打断他，而是让他将话说完整。再如，孩子向大人提出某种愿望或需求，如果只是简单地说出短句或词汇，此时大人可以追问："你想吃什么糖？你能说得清楚、完整一些，让妈妈(爸爸)听明白吗？"这样一来，孩子逐渐就会变被动为主动，并能学会组织语言，将多种主要信息完整地表达出来，让别人听明白，这对于孩子逐步说完整、规范的语言非常重要。

2. 学会向孩子"唠叨"

这里所说的"唠叨"可不是整天追着孩子，不分事情大小，对他的行为、言谈等从自己的观点出发，喋喋不休地进行批评、指责、指导。我们所说的"唠叨"其实是将日常生活中发生的每一件事，用清晰准确、生动形象的语言告诉孩子；说话的内容不涉及负面评价，而是尽可能让孩子感受到语言的优美。例如，在为孩子洗澡时，可以对他说："瞧，水真暖和，你看起来很舒服。"在看书时，可以对孩子说："这本书很有趣，你长大一些，妈妈读给你听。"总之，我们要运用自己的经验和所有感官帮助孩子增加体验，尽管他们可能因为年龄太小听不懂大人的话，但是他们对声音、语调变化等十分敏感，能够感受到语言的美好，逐渐地对开口说话就会产生很大兴趣，并在措辞时也会倾向于用美好的语言来感染、取悦听众。

3. 不要指责孩子的吐字、发音的问题

当孩子说话时有吐字不清楚、发音错误等情况，这时家长要做的不是模仿、嘲笑或者呵斥他的错误，而是用正确的发音重复一遍。这种做法可以最大程度地减轻孩子练习发音的心理负担，使他不会因为总是担心说错而不敢开口。

引导孩子尽量描述想象中的事物

想象力是对未知领域一种好奇心的反映，是“知识化的源泉”(爱因斯坦)。它既能借助情感得以伸展，也能让情感变得更加丰富，而表达又是人与人之间情感交流的一门艺术，因此我们可以这样认为，想象力同样也是表达教育的源泉。

孩子是最富想象力的，他们刚来到这个世界不久，未完全受到成人世界的条框约束，对一切未知的事物都可以天马行空，不受任何拘束去畅想。为了让孩子的想象之泉永不枯竭，我们有权利、更有义务保护好孩子的这份童真、想象力，以及让语言表达更富创意的探索心，并且鼓励孩子用自己的语言把它尽可能地描述出来。

本来早就说好了，这个周末妈妈要带茜茜去动物园，可是茜茜不小

心把脚扭伤了,只能呆在家里生闷气。妈妈看见茜茜不高兴的样子,坐下来对她说:"茜茜,你说动物们白天被人参观,晚上它们会做什么呢?"

"当然是睡大觉呗。"茜茜嘟囔着。

"原来是这样啊,难道它们都没有属于自己的时间吗……"妈妈"失望"地低下头。

茜茜看到妈妈"失望"的样子,便安慰妈妈:"我是说它们晚上九点以后才睡觉,动物园晚上七点就关门了,它们还有两个小时的自由时间呢。"

"那你说它们会做什么呢?"妈妈显得很兴奋。

"这个……"茜茜一时不知道怎么回答,说话吞吐起来。

"它们总是被关在笼子里,一定很闷吧?"妈妈问道。

这一问,一下子打开了茜茜的话匣子:"不会,其实动物们白天是在工作,就和妈妈一样,晚上就下班了。下班后它们住在动物园的宿舍里,吃完饭就会互相串门。"

"可是有的动物是肉食的,很凶,它们会不会欺负弱小的动物呢?"妈妈问道。

"不会,表现得凶或者胆小是动物们的工作,下班后它们就不会这样了,大家都是好朋友,一起散散步,一起下棋……"说着说着,茜茜欢快地笑。

"除了散步、下棋,它们还做什么?"爸爸又问。

"能做的事可多啦,大灰狼说话粗声粗气的,它肯定是请小鸟教它唱歌;乌龟动作太慢了,小鹿帮助它练习竞走……"

你瞧,这是一个想象力多么丰富的孩子啊,在妈妈的引导下,茜茜不但将动物园想成一个动物大乐园,还将想象的内容用说故事的方式说出来,让人感到妙趣横生,忍俊不禁。由此可见,充满创造性的想象,可以让孩子从不同视角认识这个世界，在他们的世界里，在我们看来再平常不过的事物，摇身一变成新奇、有趣的东西。让孩子的生活充满探索与冒险，这是多么神奇的事情啊！

但是，光有想象力还是不够的，很多孩子想象力都很丰富，可就是表达不出来，或者表达出来后与自己的想法有出入、枯燥无味，这是他们欠缺语言表达能力的缘故。因此，除了引导孩子去想象外，我们还要让他们表达想象，只有这样，孩子的想象力和语言表达能力才会同时提高，相互协调，这是训练好口才不可缺少的步骤。

1. 让孩子独立去想

想要孩子拥有丰富的想象力，先决条件是他们必须独立去想。只有这样他们才可能为了满足自己的好奇心，主动向大人提出各种各样的问题，或者说出自己的想法。因此，不管孩子的想象对象是什么，想象范围有多大，我们都要适当放手，让孩子自己去探索，只有当他们遇到障碍时，才适当进行引导。

2. 为孩子讲故事

讲故事是最能激发孩子想象力的方法之一，在孩子听故事时，不仅会将故事情节烙印在脑海中，还会根据听到的内容进一步想象，并且乐于主动复述故事或表达“新”内容，这对于培养他的语言能力和发散性思维无疑是非常有帮助的。当然，不同阶段的孩子，适合听的故事也是不一样的。两岁以下的孩子，故事内容最好与他们生活密切相关，而且以形象的图画为主；三四岁的孩子已经能将听到的东西转为想象的形象，对故事的理解能力有了提高，故事内容可稍复杂一些。

在给孩子讲故事的同时，细节方面尽可能充分描述，帮助孩子形成具体的想象。当孩子比较熟悉某个故事后，可让他对故事进行复述，或用提问等方式让孩子参考原故事的叙述风格、语句结构等，编出另一个情节，比如《龟兔赛跑》，兔子输了以后又发生哪些故事，就是一个不错的素材。

3. 丰富孩子的生活经验

想象不是空想，而是在大量生活经验的积累上发挥想象。比如，孩子形容月亮——像西瓜一样圆，那么在他脑海里就首先要有"西瓜"这样一个具体形象，以及这个词的读音，它们就是表象。表象积累得越多，孩子的想象素材就越多。因此，我们不仅要让孩子认识到他周围的事物，还要经常让他们多与外界接触，多看、多说，使他们有更多的机会获得丰富生活经验，拥有取之不尽用之不竭的表象，最终将自己想象中的事物绘声绘色地说出来，让其他人也能感受得到。

4. 认真回答孩子的提问

再平常的事情在孩子看来却蕴含着很多神奇之处，他们向大人提出问题，实际上就是在释放想象力。我们要做的就是帮助他们找到问题的答案，作为想象的素材。只要可能，最好当场回答孩子的问题，并尽可能让他亲身体验，增加印象。如果确实无法立刻回答，也不能断然拒绝或敷衍，而是告诉孩子，他的问题非常好，为什么不一起找答案呢?

多给孩子创造表达的机会

好的表达能力是要练出来的，只有多去想、多去说，孩子的语言表达能力才能有所提升。如果缺少展示的机会，即使孩子再能说会道，慢慢地，也会失去表达的欲望。相反，如果我们能为孩子多创造一点机会，情况就完全不同了。

朱朱和丹丹是在同一个班级，也是两个很要好的朋友，大家都说，二个人真是太互补了：朱朱开朗，爱说话，经常在幼儿园或街道组织的活动中表演节目；丹丹则比较内向，话不太多，有时候别人和她说好几句话，她才回一句。看着妙语连篇的朱朱，再看看沉默的丹丹，丹丹的父母总是感叹，为什么自己女儿的嘴这么“笨”呢？

有一天，朱朱邀请丹丹去她家玩，顺便吃晚饭，晚上朱朱的爸爸把丹丹送回家，对丹丹的爸爸说：“你们家的女儿真是会说话，她和朱朱你一言我一语的，我真是甘拜下风啊！哈哈哈。”

丹丹爸爸很奇怪，这说的是我的女儿吗？朱朱爸爸见状，惊奇地问：“难道丹丹在家里不这么说吗？”丹丹爸爸解释：“我工作都很忙，一般只有她和她妈妈在家，看看电视什么的，等我回来丹丹都睡着了……”

朱朱爸爸告诉他，在他们家，只要有机会就让朱朱表演、演讲、讲故事，有时候大家还轮流上场，慢慢地，朱朱的表达能力就提高了。今天为了欢迎丹丹，他们家举办了一次故事演讲会，每个人都要讲一小段故事。原本大家以为丹丹会怯场，都做好鼓励她的准备，没想到丹丹一点都不怕，讲了一个《快乐王子》的故事，把大家都感动得不得了呢。

丹丹爸爸一定弄不明白，平日沉默寡言的女儿，在别人家为什么表现得能说会道。其实，从两个爸爸的对话我们就可以找到答案。朱朱家经常搞一些演讲、朗读等活动，让朱朱有“说”的机会。

而丹丹家，晚上一般只有妈妈和女儿在家，娱乐活动就是看看电视，别说展示口才了，就连说话的机会都很少，慢慢地，丹丹自然不愿意开口说话了。换句话说，不是丹丹不愿意说，不会说，而是她根本没有展示的机会，而朱朱家为她创造了这个机会，满足了隐藏在她心里的说话欲望，让丹丹能大方地在众人面前表现自己。尽管这次展现可能并不完美，却是丹丹大胆向前迈的第一步，相信在获得更多机会后，她能走得更远、更好！

由此可见，好的表达能力始于交流，没有展示的空间与机会，孩子哪来好的表达能力呢？所以，我们要主动为孩子创设平台与空间，让孩子多一些说的机会。这样，当他们在实践中积累了足够的表达经验后，在面对他人或某些情况时就能好好发挥语言表达能力，而不是无话可说了。

那么，我们应当如何为孩子创造展示的机会呢？孩子由于年龄所限，接触的范围比较小，我们不妨利用家庭这一单元，让孩子无时无刻都能展示自己。

1. 在饭桌上展示

很多家长工作比较忙，鲜有时间与孩子交流，而一家人聚在一起最多的时候大概就是吃饭了，因此全家人围着饭桌交谈，最能引起孩子发言的兴趣。当然，我们并不提倡一边吃饭一边说话，而是建议在吃完饭后，先不要急着收拾碗筷或离开，适当休息一会，在这段时间鼓励孩子说说今天发生的事情，再从闲谈过渡到“家庭演讲”等，为孩子定一个大概的演讲范围，在孩子演讲的过程中培养观察能力、思维能力、语言表达等。

2. 举办家庭晚会

如果时间允许，不妨为孩子举办一场小型的家庭晚会。在家庭晚会中，孩子既可以作为主持策划，也可以作为晚会的一分子上台表演，又或者同时兼任两种身份，使孩子的口才在不同领域得到锻炼。晚会的形式最好多种多样，比如朗读晚会、演讲晚会、辩论会、才艺表演等，孩子是晚会的主角，不过其他家庭成员最好也一起互动，孩子面对众多的“观众”和同台“竞争者”会更加投入。不管是哪种晚会，都要把重点放在“语言表达”上，即锻炼表达是主，演艺或娱乐为辅。此外，与

"饭桌演讲"不同,晚会举办起来比较耗费时间和精力,所以不要过于频繁,这也是为了防止孩子失去兴趣。一般来说,每个月举办1~2次,每次提前一个星期左右通知孩子,让他有准备时间对主持或演艺内容进行练习,这实际上也是对表达能力的一种训练方式。

3. 让孩子参与到"家庭讨论"中来

大人在讨论某些话题时,如果讨论内容对孩子有好处,最好也让他参与进来,这对于提升孩子口才和智力非常有帮助。众所周知,犹太人的语言表达能力是世界公认的,其中的奥秘就是他们特别注重与孩子进行思想交流。孩子不仅仅是接受教导的一方,同样也可以和大人广泛地讨论问题。我们也应该借鉴犹太人这种教育方式,特别是讨论涉及孩子自身"利益"时,比如几点睡觉、周末的日程安排等,允许孩子提出不同意见,并让他说明原因。如果孩子的说明确实可以实现或有道理,不妨按照他的意见去做,从而提高孩子发言的积极性,再遇到相同或类似机会,他就会积极主动参与。在后面的文中,我们还要来学习学习犹太人在培养孩子表达能力方面是怎么做的。

4. 鼓励孩子多与人交往

训练表达能力的最终目的,是要让孩子能在人际交往中占得先机,因此交际场所也是培养孩子表达能力的磨练地。我们既可以让孩子经常参与亲朋聚会、集体活动、小伙伴生日会等有目的、有主题的社交活动,也可以在保证安全的前提下,让孩子与陌生人交流,比如问路、闲聊等。在交往中,孩子能运用到平日学到的知识和词汇,并使思维、观察、记忆等能力得到锻炼,积累了与他人交往的经验。

在鼓励孩子与他人交往时,父母应当注意几点问题:不要对孩子发号施令,以免打击他的说话积极性;不要大肆宣扬孩子的缺点,比如"这个孩子就是不会说话"、"这孩子说话没谱儿"等,以免加重孩子心理负担,形成恶性循环;尽量让孩子自己做主,自己决定说话的内容,家长能做的就是根据孩子的话适当做出引导或解释、说明。

给孩子为自己"辩护"的机会

当你认为孩子做错事情，是不管三七二十一，不听他的辩解责骂他，还是先听他说明理由后再做定夺，这两种做法究竟哪一种才是最好的？很显然，后者才是最好的做法，不管出现什么情况，我们都应当给孩子一个"辩护"的机会。

让孩子为自己"辩护"，并不是纵容他找理由逃避，而是为了锻炼他的申辩能力。申辩能力是一种运用语言表达思维的能力，当孩子的这种能力得到培养和发展后，他的语言能力也会随之提高。同时，为了使自己的申辩具有说服力，孩子就必须开动脑筋做出分析、思考，分析力、想象力、推理判断能力以及辩驳力也会得到提高。这些都是培养良好表达能力不可缺少的环节。

龙龙是个调皮鬼，最喜欢拆东拆西，家里的很多小摆件、玩具都被他

拆卸过。这天,爸爸发现,刚给龙龙买的一个机器狗就被他拆得七零八落,很难再装好了。爸爸非常生气,刚想责骂他,可是看着龙龙欲言又止的表情,便强压下心头的怒火。

爸爸问:“你还有什么话可说吗?”见龙龙点了点头,说:“那你就说吧,我想听听你有什么理由把玩具拆坏了。”

龙龙看着地上的玩具,鼓起勇气说:“今天上午,我拿着玩具找刚刚玩,他说小狗自己会动,我说是靠发条才能动起来,然后我们就吵起来了。我拆玩具想看看谁说的对,爸爸你看,小狗真的是靠发条动起来的!”说着,龙龙自豪地指给爸爸看。

爸爸又是好气又是好笑,但更多的是惊讶,他没想到自己那就知道调皮捣蛋、没少挨大人骂的儿子,说起话来居然这么头头是道。

“你以前拆东西,也都是因为想看看东西的构造吗?”爸爸问道。

龙龙点点头,爸爸又问:“那你以前怎么不说明呢?”龙龙低着头说:“我一想说话,你就说我顶嘴,就骂我,我就不敢再说了。”爸爸听后,十分后悔,自己以前不仅剥夺了孩子申辩的权利,还几乎剥夺了他说话的欲望。

“龙龙,爸爸以后不会再乱发脾气了,如果你的理由正当,能够说服爸爸,爸爸就不会惩罚你。不过,要是你说的没有信服力,就要接受惩罚喽!”龙龙高兴地答应了。

龙龙的爸爸没有再像以前那样,不问缘由就责骂龙龙,而是让他说自己的理由。龙龙说明理由的过程,就是一个有条理地使用语言的过程,可以使他更好地认识自己的行为,在大脑中形成一个比较完整、形象的认知,这种认知又能反过来作用于语言,对语言能力的发展起到良性刺激作用。相反,如果爸爸拒绝听龙龙的辩解,而是一味责骂,长久以往,可能会使孩子形成孤僻、自卑、多疑、胆怯等性格,影响身心健康,从而妨碍语言能力的发展。

因此，我们在培养孩子口才的过程中，一定要抓住这个机会，让孩子为自己“辩护”来锻炼其表达能力吧！

1. 耐心听孩子的申辩

孩子需要申辩，说明他有开口说话、表达自己的欲望。虽然他们的想法还不成熟，但是在大人的鼓励下，他们可以大胆地对事物进行认知、评判，这其实是一种极好的刺激思维的训练。“训练”的机会越多，他们的思维就会变得更顺畅，发表意见更具说服力，也更敢于表达自己的立场。

2. 逐步引导孩子深入思考问题

想要孩子说话能取信于人、抓住人心，最重要的就是思考周全。我们应当抓住教导孩子思考最基本的一个要件——向他提问。这其实是对孩子想法的一种“挑战”。当孩子自己认识不到问题所在，我们可以向他提出“为什么会有这种想法”的问题，来循循善诱，引导孩子学会自我分析，找出原因充分申辩，培养他们敢说、敢想的良好习惯，或认识到自己的谬误，正视存在的问题，鼓足勇气克服。这样做既能使孩子正确认识到自己的问题，明辨是非，又能锻炼口才，变得更加能言善辩。

看看犹太家庭都怎样进行语言表达教育

犹太民族虽然饱经磨难，但不能否认的是他们是世界上最聪明的民族之一。在他们中间涌现出很多专业人才、作家、诺贝尔奖获得者，这些人虽然代表了不同领域，但有一个共同点——口才非常好。德国诗人海涅就是犹太人，一天，有个不怀好意的家伙对他说：“我发现了一个小岛，这个小岛上竟然没有犹太人和驴子！”海涅不动声色地说：“看来，只有你我一起去那个岛上，才能补上这个缺陷。”海涅没有勃然大怒，而是用自己的口才维护了犹太人的尊严，又教训了对方。这个故事并不是个案，实际上犹太人在家庭教育中非常注重表达能力的培养，在他们看来，语言能力是生存的基本要求，能够提高孩子的学习能力。因此犹太家庭从孩

子小时候开始，就注重培养他的语言能力。

埃丝特是一个犹太小女孩，他们家和其他犹太人家庭一样，经常召开家庭会议。父亲是会议的“主导者”，领导各家庭成员（当然包括孩子）讨论家中的重要事务和遇到的一切难题，并鼓励大家发表意见。

埃丝特虽然只有六岁，可是她平时很爱读书，经常灵活运用学来的知识，让长辈们刮目相看，在家庭会议中同样占有一席之地。这一天，家里就“给新生儿起名字”召开了家庭会议。可别小看给孩子起名字，这对犹太人来说是非常重要的。正当家人的讨论到了白热化的程度，爷爷突然把手一挥，让大人静一静，然后他对埃丝特说：“埃丝特，你来说说，给你的弟弟起什么名字好？”埃丝特愣住了，她没想到爷爷会把这么重要的事情交给自己，思考了一阵后，怯生生地说：“那就叫拉乌尔吧。”爷爷抚了抚胡子，对埃丝特说：“我们每个人提出一个新名字，都要讲出自己的理由，只有让大家信服，你的名字才能被采纳。”

在爷爷的鼓励下，埃丝特说出自己的理由——拉乌尔的全名是拉乌尔·瓦伦贝格，它是联合国秘书长安南夫人娜妮·安南的舅舅，他曾在匈牙利拯救过10多万的犹太人，是迄今为止有案可查的在二战中拯救犹太人最多的反纳粹英雄。

“他是犹太民族的骄傲，我希望小弟弟也能像拉乌尔一样，勇敢、机智。”埃丝特的一席话赢得了家长的认同，郑重其事地为新生儿取名为“拉乌尔”。

“起名字”会议并不是埃丝特参加的唯一的家庭聚会。有了这次经历，每次家庭会议埃丝特都会积极参加。有一次，埃丝特向妈妈提出，想要延迟睡觉时间，妈妈刚想答应，爸爸暗暗摇了摇头，然后对女儿说：“这需要家庭会议来通过。”会议上，爸爸首先向埃丝特“发难”：“你为什么要晚睡觉？多点睡眠时间不是更好吗？”埃丝特不慌不忙地说：“我睡得太多了，早晨醒得早，又不能做其他事。稍晚一点睡，我可以看书、画画，就不浪费时间了。”大家听了埃丝特的理由，认为很合理，一致通过了她的要求。

就这样，埃丝特参加了一次又一次的家庭会议，她积极的发言令思维得到了明显的发散，口才有了很大的提升。

起名字、决定睡觉时间只是犹太人家庭会议中再普通不过的主题。对于很多重大问题，很多家庭也会用家庭会议的方式讨论，孩子们同样也有发表意见的权利，只要他们能提出合理的理由，让“参会”的大人感到信服，就可以作为参考意见或最终解决方法。这种方式使孩子能得到丰富的练习口才的机会，并学会如何将好口才具体运用到生活的方方面面中。

犹太人这种“家庭会议”实际上是沿用古代的一项传统。在古代犹太人居住区，开会时主持会议的老年拉比首先会让年轻人发言，然后让年长或有资历、经验的人发言，如果有不同意见，大家开始进行讨论或辩论，最后由老年拉比根据大家的意见，公正地评价、总结，作出决定。

不管是聚会还是家庭会议，犹太人都认为，语言教育都应该以学习、思考为基础。书本和生活是获得知识的宝库，当有了足够的知识储备后，再去思考，并通过说出怀疑与答案，从而形成一个完整的语言教育链接。

1. 亲吻“甜书”

在孩子刚刚懂事时，母亲就会在《圣经》上滴一滴蜂蜜，然后让孩子亲吻《圣经》上的蜂蜜。这个仪式是为了让孩子从小在接触到书时就留下非常美好的印象，从而一生都喜爱阅读，从书中获取无穷的智慧。饱经磨难的犹太人认为，智慧是生存的保证，是任何能力的基础，与钻石、钱财相比，智慧是最忠诚的朋友，任何人都抢不走，只要人活着，智慧就永远相伴而行。我们不用做到在书籍上滴蜂蜜，用其他方式同样可以让孩子爱上阅读。让孩子爱上阅读，家长首先要有阅读的习惯，营造出阅读的气氛，并让孩子留意到大人的阅读习惯。其次，家长要充分调动孩子自身的阅读兴趣。孩子 2 岁时，可一边给孩子讲故事，一边提出问题，或者使用角色扮演的方法；孩子 3 岁时，可说故事的上一句，让孩子接下一句，或者让孩子一边看书一边将内容说给大人听；孩子 4 岁时，可引导他编故事的续集；孩子 5～6 岁时，可鼓励他根据自己的想法，在原有故事情节上进行改编。

2. 提问与回答的思想交流

“不做背着很多书本的驴子”，这个流传在犹太民族的谚语清楚地告诉我们，思考是学习的基础，它是由怀疑和答案组成的，也就是说获取知识是提问、寻找答案的过程。随时发问、找到答案，可以获取更多的知识；而知道的越多，疑问也就会越多，发问次数也就随之增加。在提问过程中，孩子的语言能力也同时得到锻炼，所以说提问对口才训练同样很重要。

当然，提问需要一种勇气，很多孩子缺少这种勇气，需要家长加以引导。比如说，家长给孩子解答问题，此时最好用“你还有什么要问的”问句，而不要说“你懂了吗”，前者是暗示孩子他所获得的答案并非唯一的，从而点燃孩子的求知热情，让他更期待提问；而后者则具有局限性，让孩子被动地接受答案，不能更深一步进行思考，更不愿开口说话，最终使他对这一类活动因缺乏兴趣而变得沉默，直至完全停止与他人的语言互动。

还有的孩子想提出问题，但抓不住要领，这时需帮助他理清思路，做到“言之有理，言之有序，言之有物”。言之有理是指帮助孩子找重点，抓要领，然后提出问题。言之有序是指在存在多个问题，且各问题之间有一定联系，提问就要层层递进，使上下连贯；如果问题之间无关系，需先提重点问题，再提一般性问题。言之有物是指提问时，可用打比方、列数字等方式要将问题说清楚、说明白。

3. 与孩子交流

除了学习外，犹太家庭也特别注重与孩子的日常交流，利用一切时间，如睡前、吃饭、散步等，与孩子进行交谈，有的家长甚至每周或每天都有固定的交流时间。交流的内容大多围绕着日常生活，看似很随意，实际上家长已有意识地将话题最终引到某个具体的主题上，让孩子围绕该主题发表所想、所知，尽情发挥语言表达能力。语言表达能力始于交流，我们也要参照犹太人这种做法，多为孩子创造交流的条件和环境。与孩子在某些方面，就非原则性问题出现分歧，就可以采用商量的方式，一方面可以给孩子多一点选择，另一方面能给孩子开口说话的机会。除了商量事情外，一起玩游戏、逛街、看电视等都是很好的交流机会，家长可以根据家庭的具体情况进行选择。

4. 诵读经文

犹太人从小开始，就接触祈祷文，稍大会接触《摩西五经》、《塔木德经》等。诵读经书的目的不是让孩子理解经书内容，而是让他们多开口说话，机械地背诵，令孩子练习发音、吐字以及培养良好的记忆力。发音、吐字、记忆力是语言能力培养、发展的基础，如果缺少这些基本技能，今后培养口才就会增加很大难度。为了在诵读经文的同时，对语言表达进行训练，犹太人要求孩子抑扬顿挫地朗读，同时一边手按经书，一边用身体全部器官，全身心投入进去，这种看、读、听、说、动的诵读方式比单纯地默读或诵读效率更高一些，并且会陪伴孩子一生。我们虽然没有经文，但可以借鉴犹太人诵读经文的方法，诵读故事书、文章等，相信效果同样不错。

犹太人的智慧是神奇的，在对孩子进行表达训练中还有很多独特的方法，这些都值得我们去借鉴。我们有理由相信，虽然我们不能完全复制犹太人的教子方法，但可以从中吸取好的经验与教训，让我们的孩子也能充分发挥语言的智慧，运用恰当的技巧，成为能言善辩之人！

第四章　懂得“倾听”的孩子更会“说”

会“说”，也要会“听”

想要孩子培养出好的表达能力，不只要会说，更要会听。无论孩子的表达能

力多么好,如果不知道对方对什么话题感兴趣,也无“用武之地”,甚至会导致沟通以失败告终。

明明今年六岁了,非常喜欢说话,每天一回到家里,就会迫不及待地将学前班里发生的事情讲给妈妈听。可是每当妈妈想说什么,明明总是不耐烦地打岔,接着自说自话。妈妈尽管不高兴,但并没有说什么。

这一天,明明一脸愤愤地对妈妈说:“今天我被老师罚站了!”妈妈问他原因,明明就开始诉起苦来:“路路上课时拿出一个彩色橡皮泥,非得让我看……”说到这里,明明向妈妈撒起娇来,妈妈刚说了几句责怪他的话,可是明明还没等她说完就哇哇大叫起来:“才不是呢,不是我……”这一次,妈妈生气了,对他说:“明明就是你! 你还不承认!”

明明很难过,明明不是自己的错,为什么自己说的妈妈不相信呢?爸爸在一旁看到了全过程,他悄悄地对明明说:“你再和妈妈说一遍,让妈妈把话说完,这时你再和妈妈说出自己的想法。”

明明向妈妈道了歉,妈妈对他说:“不管是谁的错,你还是看了橡皮泥。”说到这,她看了明明一眼,明明点点头,说:“是的。”

看到儿子同意自己的看法,妈妈的火气渐渐熄了,声音放缓和道:“所以老师罚你是没有错的。我说完了,你是怎么想的呢?”

明明说:“妈妈,您刚才说的对,我是看了橡皮泥。不过我不是主动看的,而是他非放到我的眼前,除非我闭上眼睛,要不然肯定能看到。所以我觉得老师不该罚我站……”

妈妈听了明明的辩解,认真思考了一会说:“你说的很在理,我觉得老师这次罚你确实有点武断了。”

确实，倾听在沟通中的作用非常大，明明一开始并没有认真听妈妈的话，而是自顾自地说自己的委屈，结果并没有引起妈妈的"同情"，反而让妈妈火冒三丈，完全没有达到自己的目的。而在爸爸的引导下，明明认真地听了妈妈的话，并对部分谈话内容做了肯定，缓和了妈妈的情绪，在此基础上再提出自己的想法和意见，使妈妈能比较顺利地接受他的说法，并给予肯定。由此可见，倾听的作用是很重要的。

倾听之于表达，就像步法之于格斗一样。步法可令人在格斗中随时调整方法，或反击，或进行防守，或者寻找时机撤退以保护自己。而在表达训练中，"说话"相当于进攻，"倾听"相当于防守。想要让表达发挥价值，在与人的沟通中有所收获，除了说话外，就离不开为思考制造出倾听的空间。在倾听他人说话的同时，孩子会不断接收到对方传达的信息，在对这些信息进行判断、筛选后，终会挑出一些对沟通有利的内容，令表达更具实质性，而非徒有其表。

除此之外，孩子要学会倾听的原因，还体现在以下几个方面：

1. 倾听帮孩子获得更多的认同感

每个人都渴望被理解、尊重，如果这种需要在人际交往中得不到满足，即使对方说得口若悬河，也不会激起他的共鸣，还会对对方产生反感、抵触心理。倾听，是对他人最好的尊敬。仔细听并努力理解对方的谈话及其心理感受，可以提升自己发言时的可信度以及积极性。不仅令对方出于同样的尊重仔细倾听你的发言，并会对你提出的意见或建议做出公平的判断或产生认同感。

2. 倾听让孩子的思路始终朝向正确方向

发挥好口才效应，目的之一就是在沟通中掌握主导，但是一味诉说可能会造成目标偏离，导致沟通失去意义。倾听就像是一把指南针，令人在沟通中不断进行思考和判断，一旦发现言语可能造成"航道偏离"，就可以及时作出调整，以确保沟通朝着孩子想要的方向渐进。

3. 倾听让孩子显得更沉稳睿智

在与人说话、沟通过程中，最忌讳的是夸夸其谈或过早用"说话"暴露自己的真实想法，这会给对方留下不好的印象。倾听可以帮助孩子省去更多的“说”，让别人将想表达的内容都表达出来，这样不仅会令孩子显得更沉稳，更有智慧，还会避免因话多可能引发的不必要的误解，何乐而不为呢？

总之，倾听对于口才的好处还有很多，需要家长在实际沟通中，帮助孩子不断地去体会。

测一测，你的孩子会倾听吗

1. 你的孩子经常同时听几个人的交谈吗？（是0分，否1分）
2. 听别人说话时，能看得出孩子很用心吗？（是1分，否0分）
3. 孩子对谈话内容更倾向实质，而不是字面意思吗？（是1分，否0分）
4. 孩子在听别人讲话时几乎或从不插话吗？（是1分，否0分）
5. 孩子常常在别人说话之前就知道对方会说什么吗？（是1分，否0分）

6. 孩子会一边听对方说话,一边考虑自己的事吗?(是0分,否1分)
7. 孩子即使对别人的话不感兴趣,也会耐心听完吗?(是1分,否0分)
8. 在听他人说话时,孩子会用微笑、点头等方式来表达自己对说话内容的反应吗?(是1分,否0分)
9. 在听别人说话的同时,孩子也会同时思考自己要表达的内容吗?(是1分,否0分)
10. 孩子在别人话刚说完时,就紧接着谈自己的看法吗?(是0分,否1分)
11. 当孩子不明白对方说话内容时,会用提问而不是猜测的方法弄清楚吗?(是1分,否0分)
12. 孩子听完后,会归纳重述对方的想法吗?(是1分,否0分)
13. 孩子只会听到自己想听的部分,而不是对方表达的内容吗?(是0分,否1分)
14. 孩子会鼓励对方将心里话都说出来吗?(是1分,否0分)

★ 评分标准:

10~14分,表明孩子的倾听能力相对较好,并且有良好的倾听习惯;7~9分,表明孩子倾听能力中,有很大程度可以提高;6分以下,表明孩子的倾听能力相对较差,需要你帮助他在技巧上多下功夫。

帮助孩子训练倾听习惯与能力

倾听是有技巧的,掌握了这个技巧,就可以让沟通变得更简单。当孩子与某人聊天时如果缺乏技巧,就可能令对方慢慢地没了开口的欲望,此时即使孩子的表达能力再好,也很难将话题续上。相反,当孩子在倾听时使用各种方法表现出自己的兴趣,对方就会受到鼓舞,讲起话来更有激情,并主动进行互动,从而使孩

子占据谈话的主导位置，让他更好地发挥自己的口才。

昕昕最喜欢说话了，特别是大人交谈时，总是抢先发言，迫不及待地说出自己的想法。爸爸说了他好多次，可是昕昕并没有放在心里，反而觉得很得意，认为这是自己的长处。一开始，大家碍于情面，对他这种做法没有指出来，昕昕于是变本加厉，往往人家刚说一句，他就接上五六句。终于，昕昕这种做法惹怒了小朋友，大家不愿意和他说话，就连大人也很少听昕昕说话。

昕昕不明白是怎么回事，爸爸告诉他："每次别人说话时，你要么不认真听，要么就乱发言。你这是不尊重别人的表现，谁愿意和一个不尊重人的孩子说话呢？"昕昕意识到自己的问题，再听别人说话时，他都忍着不出声，可是问题又来了，大家都觉得和昕昕说话没意思，他一句话都不回应。

昕昕感到很委屈，自己到底做错了什么？“倾听”到底应当怎么做才好呢？

昕昕的“错误”就是误解了倾听的真正意义。倾听，是为了更好地与对方互动，这就需要在倾听过程中，用适当的方法来调动对方说话的情绪、引导谈话的方向，使之真正达到“听说一体”的目的。昕昕先是采用“完全不听”的做法，这种做法让昕昕过足了嘴瘾，却忽略了他人的需要，最后落得“孤家寡人”的下场。而后昕昕又矫枉过正，采用“一言不发”的方式来倾听，根本没有与他人产生互动，不仅自己说话的机会少了，还给别人留下“闷葫芦”的印象，这对于表达训练显然是收不到任何效果的。为了能使孩子提高语言表达能力，需要我们引导孩子学会去积极地倾听，并将倾听作为一种习惯扎根在成长过程中。

1. 营造良好的倾听环境和氛围

这一年龄段的孩子注意力很容易被分散，一点干扰就会让“倾听”功亏一篑。因此，在与孩子交谈时，把电视、收音机等音量调低或关掉，将周围其他声音降至最低。如果孩子在周围声音降低后还显得比较兴奋，则要留出几分钟时间，让他定下神，恢复平静。

2. 引导孩子去听

在排除外来干扰时，事实上我们还是不能让孩子的注意力完全集中，这时就要靠家长的引导，比如抓住机会对孩子说：“我在说的时候，你思考一下我说的对吗?”、“你还有什么补充吗?”、“你还有更好的意见吗?”等，这些问题会让孩子意识到，只有去认真地听，才能找到更好的答案。

3. 激励孩子倾听

积极的语言激励可调动孩子学习的积极性，对他们学习“倾听”也同样有用。在培养孩子倾听习惯及能力过程中，家长不要吝啬你的赞扬，要让孩子尝到成功的喜悦与满足感，可以经常说：“你听得真认真，这是尊重别人的表现!”、“你听明白了我的真正意思，我真是太高兴了!”、“你不仅听明白我说什么，还提出自己的想法，真是不错。”一句赞扬，一个微笑，一个理解与欣赏，对正在倾听的孩子来说都是莫大的鼓舞。

4. 了解说话人背景

投其所好除了可以用在交谈上，同样也可以用于倾听场合。即在倾听前，要让孩子了解交谈对象的背景，包括：对方为什么要说这些话，他有什么样的经历，他表现出的观点和想法与他的经历是否有联系，孩子与说话者的关系如何等。了解了这些，可以帮助孩子理解对方的话语，及时应对交谈中可能出现的问题，并点出对方没有说出的意思，在某种程度上可提升孩子的语言魅力。

5. 教孩子学会适时适当地插话

并不是所有需要倾听的场合，都需要“一言不发”，有时候抓住时机，适当插几句话效果反而会更好。插话的内容要简洁，并根据不同情境选择用词。当对对方说的话表示赞赏或认可时，可说：“对”、“有道理”、“是这样的”、“真有意思”；当对对方进行询问时，可说：“你的意思是……”、“真的吗”；当对方一时找不到词时，此时可帮他接下句话尾；如果想让对方说得更深一些，不妨用“能举个例子吗”、“你的依据是什么”来进行启发引导。这些插话方法不会影响对方的思路，反而会激发对方倾诉欲望，也为孩子发挥口才提供素材。

6. 倾听时情绪要饱满

在倾听时，饱满的情绪能感染到说话方，比如当孩子听得兴奋时，对方讲得也就越兴奋；当孩子听得高兴时，对方也会越讲越高兴，两人之间产生良好的互动。当孩子开口说话时，对方也会带着相同的情绪倾听，并给出积极回应。不过，孩子在调动情绪时要有针对性且适当，不能对方的话没有意思却捧腹大笑，或者对方在讲述悲伤事情时又嚎啕大哭，不仅会中断正在讲述的内容，还会打扰说话人的情绪，会直接影响到后面的沟通，即使孩子的语言表达再好，也不会给对方留下好印象。

7. 倾听时眼神、身体角度灵活调整

在倾听时，眼神交流是很有必要的，但不能死死地盯住对方不动，那样很容易造成对方紧张、警觉，说起话来也有了顾忌，这样孩子就很难获得想要的信息。在轮到自己发言时，对方也会对孩子的话持有疑虑。正确的眼神运用方法是，两人眼神交流时间不宜过长，更多时间眼神要放在对方的鼻梁骨处。

除了眼神适当交流外，身体适当倾斜也能拉近彼此距离。在沟通时身体略微向对方的方向倾斜，可以让对方了解到孩子倾听的态度是积极的，内心就会产生更多的喜悦情绪，愿意倾诉更多内容，同时也会认真倾听孩子的发言。

温馨提示：倾听时不要有过多小动作，如频繁摆头、眼神飘忽不定、扳手指、整头发、抖腿、摆腿、手敲膝盖等。

8. 进行一些倾听的动态训练

(1) 先向孩子形容某种事物（可直观感知的），让他回答是什么；再向孩子描述该事物的功能、用处，让他说出对该事物的印象或感觉；接着说出两种不可直观感知事物之间的关系和联系，让孩子回答为什么这么说；如果孩子对语言理解能力较好，可以将事物换成人物关系及内在情感。

(2) 先向孩子发出两个或两个以上连续的指令，让他按顺序执行；如果完成较好，再向孩子描述某个物品的特征，让孩子在听完后去找到符合该特征的物品。接着，为孩子描述一个他曾亲自参与的场景，让他按顺序将经过简单画出来或写出来。最后，给孩子讲述一件他亲自参与过的完整事件，重复一定次数后，鼓励孩子在最短时间内复述一遍。

第五章　帮孩子克服性格、心理障碍

帮助孩子克服冷漠心理

冷漠是人性的一个弱点，它可能影响到人的情感发展，让人变得不爱说话，或

者说话时用讥讽、嘲笑等方式出口伤人。一个人出现这些情况时，好口才自然与他无缘了。但对于孩子来说，这种心理并非出于恶意，而是他不懂得如何关心他人，不喜与人近距离相处，甚至是感到害羞，所以才会“出言不逊”。帮助孩子克服这种心理，可以让孩子学会关心他人，比如，每天多问候他人一声，多赞美他人一句，多说一些关怀的话……让孩子在爱与热情所带来的充实与快乐中更好地表达出自己的心意！

童童在家里衣来伸手饭来张口，全家六个大人都围着他转，这也让童童变得非常骄纵。原本爸爸妈妈并没有把这当一回事，可是在幼儿园老师与他们谈话后，他们才意识到了问题的严重性。

幼儿园老师告诉他们，前几天，她在课堂上做了一个小测试，题目是：“你看到小朋友伤心地哭了，你这时会怎么办呢？”小朋友们纷纷发言，有的说要给他唱歌，有的说要安慰他，有的说要把自己的玩具借给他玩。当老师问到童童时，童童撅着嘴不说话，老师见状，引导他说：“你会问他为什么哭吗？”没想到童童斩钉截铁地说：“不会！”老师接着引导他：“你看，他多伤心啊，你难道不同情他吗？”“关我什么事呀？”童童一句话把老师惊得够呛。

“你看，童童这样下去怎么能行呢？”老师最后总结了一句。妈妈爸爸还存有侥幸心理，认为童童对熟悉的人会亲热一些。于是妈妈有一天，装着不舒服躺在沙发上，并用微弱的声音告诉童童，让她伤心的是，童童并没有表示出关心，而是在反复催了他几声后，嘟囔着：“真麻烦……”

这些还不算什么，妈妈仔细观察童童平时说话。她发现，他的表达能力明显比其他小朋友低。其他小朋友说话时富有感情，用词丰富，说起话来也很顺溜。而童童呢，要么不说话，要么说起话来语气很冲，翻来覆去就是那几个词，有时被妈妈念烦了也会大声嚷嚷，可是说出来的话总也不成句。

看到儿子这些表现，童童的家人都很担心，难道童童没有说话天赋吗？

童童在语言表达上出现障碍，是由于他不懂得如何关心他人造成的。童童从小就在家人的溺爱中长大，没有吃过苦，也就不知道受苦的滋味，不能体会对方的痛处，就会表现得比较冷漠。久而久之，这种冷漠心态令童童难以融入集体中，无法与他人进行良好沟通。同时，冷漠还让童童在该安慰、说笑的场合“吝惜”言语，从而失去了锻炼说话的机会。这些都会削弱他的说话能力。与冷漠正好相反，富有爱心让孩子更好地表达自己。什么是爱心？爱心就是拥有热情开朗的性格，对人、对物、对事始终采取关心的态度；爱心就是能体察他人的心情，等同身受地感受他人的欢乐、痛苦、烦恼、失望的心情。一个有爱心的人，说话的感情是发自内心的真挚，所挑选的词汇尽是最温暖、优美的，慢慢地，孩子的语言表达能力就会得到提高。

因此，我们要帮助孩子克服冷漠心理，为他们点燃胸中的一颗爱心，并在此基础上激发他们开口说话的热情。

1. 从父母做起

父母是孩子的镜子，当父母在孩子面前展示良好的交流技巧，以及沟通热情时，久而久之，孩子在人际交往方面的冷淡表现也会得到改善。在日常生活中，父母主动与孩子交谈，交谈时态度要热情、温和且友善，表情要丰富，语调要起伏有度。受到这种潜移默化的影响，孩子就可能仿效父母的态度对待他人。

2. 培养孩子的“同理心”

同理心是指站在他人立场上，从他人角度去思考问题，体验情感，使孩子能急他人之所急，想他人之所想，乐他人之所乐。

培养孩子同理心，首先要认真、专注地听孩子说话。只有这样，才能“读懂”孩子的心声，也才能让孩子学会什么是理解与尊重。为了能和孩子保持良好的互动，引导孩子多开口说话，在听的时候还有应答，简单的应答是短词短语，如“嗯”、“这样啊”、“确实”，稍复杂的可使用该扩句，即将自己对孩子话语的理解“翻译”概括出来，澄清孩子的内心感受。比如，“你的意思是，你其实并不想对××那样说话，只是不知道如何表达而已”、“你其实很想安慰他，可是他误会了你的意思”……问完后，视孩子的回答再看如何处理。

培养孩子同理心，还可以参考生活中、电视上出现的情境，展开“假如我……”的角色换位活动。例如，“假如我摔伤了，没有人安慰，会是什么样的心情”、“如果我是她，我会怎么做呢?”……这一活动可以让孩子体验假想角色的内心感受，丰富自我内心情感，改变冷漠的态度。

3. 从小事做起，强化孩子的“热心”行为

改变孩子冷漠，不需要多么轰轰烈烈的举动，只要从他身边的小事做起。比如，每天问候爸爸妈妈，每天给别人多一些微笑，每天帮别人做一点事情，别人口渴时递上一杯水，看到东西倒在地上帮助扶(拾)起来，看着老人拎东西帮忙分担一点……家长这时也别“闲”着，要及时给予表扬、鼓励，孩子得到了表扬，对人的热情就会高一分，同时，冷漠就会少一分。逐渐地，愿意将自己的感受与他人分享，用言语表达自己的快乐，这样，他的语言表达能力就会在不知不觉中提高。

帮孩子克服胆怯心理

敢于在公众面前开口说话，是表达训练的第一步，也是最关键的一步，但是这一步极容易被“胆怯心理”拦住。每个孩子或多或少都会害羞，这是正常的。可是当害羞过了头，变成了胆怯，他们就有可能总是躲在大人背后，不仅影响与其他人的正常交流，还会令他失去在人前表达的机会，从而陷入恶性循环中。

案例

爱尔兰著名作家萧伯纳年轻时候是一个出了名的“胆小鬼”。他自己也承认，他经常为单纯胆小而痛苦甚至感到嫉妒羞耻。一次，他找人办事，在外面转悠了很长时间，才壮起胆子与人面对面，结果呢，自然没有办成事。

萧伯纳意识到，胆怯永远无法让自己说服别人。为此他有意识地寻找各种机会锻炼自己的口才。当时伦敦经常举办公众讨论的聚会，萧伯纳每次必定参加。他不仅主动发言，还积极到四处演讲。经过一番锻炼，萧伯纳终于克服了胆怯的心理障碍，最终成为出色的演讲家。

有人问萧伯纳：“你是如何练就口才的？”萧伯纳回答：“对我来说，练习口才就像是学滑冰，不断地丢脸、不断地出丑，直到我习以为常。”

萧伯纳最终摆脱了胆怯心理的限制，练就一副好口才，是因为他能认识到自己的不足与缺点。如果孩子也能认识到这一问题，相信一定能克服这种心理，大胆开口的。

当然，孩子年龄尚小，在认识问题上并不全面，我们可以帮助他们找找背后的原因。孩子比较敏感，一旦发现大人有压力，就可能将压力转移到自己身上，就不好意思开口说话了。再如，孩子对自己不自信，也有可能变得“怯场”。由此可见，说话胆怯是一种非常正常而又极为普遍的情况，它不是孩子语言方面的缺陷，完全可以通过练习得到克服的。

1. 让孩子明白自己“怯”什么

孩子说话怯场，往往都有一个理由——“胆怯”，但对于到底“怯”什么并不了解。我们可以引导孩子搞清楚他怕的是什么。接着，帮助孩子分析，如果他做了令自己感到胆怯的事情，会造成什么可怕的后果。最后，为孩子下一个结论：既然不会造成什么损害，那就没有必要怯场了。当孩子明白这一点，就意味着离开口说话又近了一步。

2. 让孩子说出自己的“胆怯”

孩子在开口说话时，越是一味压抑心中的胆怯，就越可能难以开口。与其这样，不如大胆地说出自己的感受，比如，“一见到你我就害怕得无法顺利说话”、“我觉得有点害怕”等。当孩子坦诚说出自己的感受后，大多数情况下，非但不会受到嘲笑，反而可能引起对方的同情和谅解，在这种友好的气氛下，孩子往往就能舒缓心情，消除胆怯带来的紧张、不安，可以畅所欲言了。

3. 多给孩子说话的机会

要点“小花招”，让孩子多开口与陌生人交流，也可以帮助他克服胆怯的心理，并且多锻炼一下语言表达。例如，全家人一同出门，让孩子向别人问路。一开始，孩子极有可能不敢说出口，家长就先说一遍，再让孩子学着说一遍。不管他说得好不好，都要给予鼓励。慢慢地，孩子就不怕在公众或陌生人面前说话了，表达能力也会随着提高。

4. 让孩子学会积极的自我暗示

用积极的自我暗示对自己进行肯定，能够帮助孩子用更积极的思想来赶走心中的胆怯，比如说“没什么可怕的，他（他们）是和我一样的”、“每个人遇到这种情况都会感到害怕的”，这样孩子的情绪能变得舒缓、镇静，不再那么胆怯了。

5. 用自己熟悉的话题“探路”

在说一些自己比较熟悉的话题时，孩子通常不会那么紧张，我们可以把这个方法运用在表达训练中。当孩子在与陌生人开口时，先找一些已经知道答案的问题来“请教”对方。不管对方的回答是否正确，都要不予以指出，而是“将错就错”地表示感谢。一旦对方的话匣子被打开后，两人之间的陌生气氛就会自然而然的消除，孩子的胆怯心理也能得到改善。

帮孩子克服自卑心理

有时候，孩子不敢开口，并不是胆怯心理在作怪，还有一些是与自卑有关。当孩子感到自卑时，他们往往会低估自己的能力，觉得自己各方面都不如人，不愿意

开口说话。当他们持续“沉默”时，语言表达能力就会慢慢退化，令自卑心理加剧，从而陷入一个恶性循环中。

默默的人就和他名字一样，不怎么爱说话，即使开口说话，声音也小得像蚊子一样。为此，幼儿园的老师没少为他打气，可是默默还是没有任何变化。

有一次，班级里开个小联欢会，每个人都要上台表演节目，默默也被分配一个节目——相声。在排练的时候，默默不是结结巴巴的，就是忘了词，被小伙伴埋怨后他干脆闭上嘴巴不说话了。

正当局面乱成了一锅粥的时候，老师急忙来调节，她问默默：“你为什么不练习相声呢?”默默被再三追问后，喃喃自语道：“我不行……”老师又问道：“是害怕吗?”默默仍旧嘟囔着：“我不行。”见此，老师主动向默默提出换一个他“行”的节目，默默想了一会，选择了唱歌。

其他小朋友向老师“告状”：“他连说话都不说，怎么能唱好歌呢?”出人意料的是，默默很大方地在大家面前唱了一首歌。老师觉得很奇怪，为什么默默唱起歌来大大方方，却对说话这么不自信呢？当老师仔细问清楚了后才知道，原来，默默的爸爸妈妈总是在孩子面前称赞这个孩子会说话，称赞那个孩子嘴甜，末了感叹自己的孩子拙嘴笨腮。时间一长，默默觉得自己就像爸爸妈妈说的那样，变得越来越自卑。

老师急忙找到默默的父母，将情况告诉他们，并说：“想要让默默自信地说话，一定要多赞美他，他唱歌很好听，就用这个来为默默树立自信心。”在老师和爸爸妈妈的努力下，默默慢慢地恢复了自信，变得开朗起来，说话不仅变大声了，还常常妙语连珠。

默默对说话有自卑感，是源于父母对自己的负面评价，而他的父母在老师的指导下“对症下药”，终于唤回了他的自信心。

不过，默默自卑的原因只是众多原因中的一种，孩子说话时自卑还可能是由其他原因引起的。有的孩子说起话来见解独到，当众表达的机会相对多一些，而不善言辞的孩子认为自己没有别人说的那么好，不愿主动发言，慢慢地失去了“发言权”，变得越来越自卑、不爱说话了。还有的孩子可能以前语言表达能力不错，但经历了某些挫折和失败，在心灵上埋下了阴影，只要一准备开口，就会产生“我不行”的意识，久而久之就无法开口了。

孩子的自卑心理对口才培养所造成的影响既可能是一时的，也可能是长久的，但无论是哪一种，都要将其尽快消灭在摇篮中，让孩子能自信地表达。

1. 让孩子多看自己的优点，提高心理暗示

孩子的自我评价多依赖于父母、老师、玩伴等，大家给予他的肯定越多，他们就越能形成积极的自我评价，变得乐观、自信，不再因自卑而唯唯诺诺。

2. 知己知彼，开口无忧

当孩子面对陌生人或群体时，由于不了解对方，很容易对其作出过高的评论，从而看轻了自己，这个时候很容易自卑而无法开口说话。我们要帮助孩子做出正确判断，既不过分贬低他人，也不过分抬高自己，把对方看成一个平常人，在平等的位置上交谈或发表言论。

3. 将表达效果放在首位，克服表现欲望

孩子的表现欲望越大，一旦未能达到预期效果，或者被别人比下去后，在心理上就可能产生失落、挫折，对自己的能力产生怀疑。因此，我们要帮助孩子克服表现欲望，即不管是日常还是演讲，都不要把表现自己作为目的，而是通过语言表达或说服他人，或感染他人，或感动他人，只有这样孩子才能保持平稳的心态。

4. 给孩子成功的说话经验

我们不会给孩子制造失败，但可以为他们制造成功，特别是自卑源于失败时，哪怕只有一次成功，也会给孩子带来无穷的自信。我们可以在家里为孩子举办一

些个人朗诵会、故事会等，并对他的表达能力予以适当肯定、欣赏。

帮孩子消除紧张恐惧

紧张、恐惧可以说是胆怯的“升级版本”，胆怯的孩子可能只是不好意思表达，而对表达有恐惧感的孩子就不一样了，他们不仅无法开口，还会做出非常极端的反应，这些表现又会加重自身的恐惧感。

秀秀升入大班后，由于平时表现很好，和小朋友们交流也很密切，老师决定让秀秀做小班长，帮助自己“管理”班级的一些简单事物。在宣布结果后，老师请秀秀上来说说感言。没想到，秀秀走上来后，表情就显得非常生硬，两眼发呆，嘴巴张了好几次，都说不出一个字。

见此状，老师和善地鼓励她说："秀秀，简单说一说就行，来，大家鼓掌。"小朋友噼里啪啦鼓起掌来。没想到，秀秀听到鼓掌声后，非但没有开口说话，反而哇哇大哭起来。老师越是安慰她，她哭得就越厉害，无奈之下，老师只能将秀秀带回座位上，过了好半天她才停止抽泣。

看到秀秀哭得通红的小脸，老师又是心疼，又是困惑，秀秀平时交流起来都没问题，为何上台后的反应这么激烈？

秀秀的表现是过于紧张造成的。她虽然平时说话并没有什么障碍，可是一到众人面前，就会容易产生紧张、恐惧、焦虑的情绪，进而做出反常的举动。秀秀的这种情况并非个例，许多孩子由于比较敏感，过分关注自己在他人眼中的形象、他人对自己的认同，以及对未知事物缺乏掌控感，就会出现相同或类似的情况。

那么，我们应该如何帮助孩子消除紧张情绪，克服恐惧心理呢？

1. 消除孩子心中的恐惧和疑问

孩子不敢表达，甚至做出极端反应，往往源自对不了解事物的担心。如果父母能用各种方法消除孩子心中的顾虑，就可以缓解孩子的不良情绪。比如，有客人第一次拜访时，孩子就可能因为害怕陌生人不敢说话，甚至被吓哭，家长可以主动给孩子介绍一下来客的情况，让他知道对方不会伤害他；同时，家长还可继续介绍让孩子初步知道对方的背景和喜好，做到心中有底，就不会再感到恐惧和紧张，能轻松与他们交流了。

2. 为孩子打气

"别怕"、"没关系"等话固然可以起到一定的安慰作用，但对激发孩子敢于表达效果并不是太理想。家长应多从积极的角度为孩子打气。孩子讲得不好时，可以鼓励他说："有进步，不过下一次再慢一点说会更好。"在鼓励的同时，将孩子的问题也一并指出来，可以使鼓励打气更具实际意义。当孩子表达得不错时也可用相同的方法，比如："你说得真不错，特别是在语调上，比之前更富感情。"在得到大人肯定后，孩子就会慢慢消除紧张恐惧情绪，敢于在大庭广众之下表达自己的想法，这对于语言发育和口才形成是至关重要的。

3. 锻炼孩子的胆量

有的孩子出现紧张、恐惧情绪，只在特定范围内，比如在很多人面前说话等。针对这种情况，我们不能强迫孩子一下子改正，而是要采用循序渐进的方法进行训练。如模拟一个场景，家长向孩子提出问题，让孩子来回答，也可由其他人提问。这样反复练习后，孩子对于别人的提问、在面对人多时说话就不会那么紧张了。除此之外，家长还应鼓励孩子多参加集体活动，以提高孩子的适应能力。当孩子熟悉集体活动后，他的交际能力、认知能力也会得到提升，从而增强孩子对外界刺激的承受力。

帮孩子克服孤僻性格

孤僻经常和沉默联系在一起。孤僻的孩子往往多疑，他们看到别人交谈，就可能怀疑是在说自己，在心里闷着而不愿去问；孤僻的孩子情感长期被压抑，不愿与他人交流，社交能力较差，情商水平相对于其他孩子也差一些，不要说会表达

了，就连正常的言语交流也会成问题的。

木木是一个孤僻的孩子，这是很多人给他的评价。刚开始，妈妈认为，木木不喜欢和大人说话，可能是怕羞或胆怯，可是她发现儿子即使和同龄孩子在一起，也非常沉默。和小朋友一起玩，木木玩着玩着就和人家翻脸，还会无缘无故发脾气，用含糊不清的话嚷嚷。

除此之外，木木还经常在这些情况下不说话：他无论见到谁，都会躲起来，不会友善地打招呼或接近、问好；和大家在一起时，总是一个人坐在角落；很少哭，别人问他什么，只会用点头、摇头的方式来回答。

妈妈不明白，自己性格开朗，善于交际，木木为什么却性格这么孤僻，说话这么成问题呢？

木木的这些表现，是性格孤僻者最显著的表现。这种性格并不是天生的，而是后天形成的。如果了解形成孤僻性格的原因，从中找出相应对策，就可以帮助孩子克服孤僻性格，乐于主动开口表达。那么，是什么造成孩子性格孤僻呢？

这种性格主要是家长对孩子过度呵护造成的。特别是老人带孩子，害怕孩了在外面被人欺负，或被“坏孩子”带坏，往往限制孩子与外界交往，慢慢地，就使孩子在社交上出现障碍，长此以往就不愿意开口与人交流了。除此之外，家长经常对孩子发出“禁令”或呵斥，如“不许做……”或“你怎么能这样呢”，像紧箍咒一样随时限制孩子的思维和行动，也会抑制其说话欲望。

“根治”孩子孤僻，让孩子重新开口说话，就是让孩子变得合群，并为他制造开口表达的机会。

1. 帮助孩子与他人建立友谊

俗话说“性格互补”，孩子和不同性格的人交往，才能取长补短。孩子如果性格比较孤僻，帮他结交一些性格开朗、热情、好说好动的孩子，让他在交往中学会与人沟通，语言表达能力自然而然会得到提升。

2. 在某些环境中“逼”孩子与人交流

带孩子外出时，家长可以佯装迷路或找其他机会，让孩子去向陌生人问路，如果一次没有成功，就要继续问下去，直到得到正确答案为止。

也可以让孩子去退货，购物（非食品）后，告诉孩子一个理由，让他将货品退了。当然，我们的目的不是为了退货，而是激励孩子开口说话，向店方陈述退货的理由。

3. 利用孩子兴趣鼓励他说话

在兴趣的鼓舞下，孩子往往更容易与人交流或沟通，我们可以利用孩子的这一特点，鼓励孩子说话。比如，孩子喜欢机器人，在家里来访客或者周围有人，可鼓励孩子向大家讲解一下机器人的故事。孩子一开始说得可能不是很顺利，这就需要在过程中利用发问等方式对孩子进行引导，帮助他理顺思路，发掘开口说话的热情。

第六章　培养孩子的语言表达基本功

练好发音、吐字，为会表达打基础

好的表达不仅仅要有逻辑性、条理性，还要有能让人一听难忘的语音。它就像是

语言表达的包装，为语言表达增添更多的魅力。发音准确、柔和悦耳的声音，可以让听众很容易听明白，留下深刻印象；而沙哑、含糊不清的声音，很难赢得听众的喜欢。

玉玉一直很不服气，在与小伙伴们聊天的时候，明明是自己的话题更有趣一些，可是小伙伴们一见小西来了，就立刻凑上去听他说话，这种情况已经发生好几次了。

这天，玉玉又被大家“遗忘”了，她生气地回到家中，大声对妈妈说：“塔焖凑不理我！”妈妈愣了一下，没有回答。玉玉更加生气了，用更大的声音重复了一遍，妈妈还是没有听懂的样子。玉玉索性又重复了好几遍，妈妈最后终于明白，玉玉想说的是“他们都不理我”。

妈妈摇摇头，对玉玉说：“这件事你不能怪小朋友，你说的话连妈妈都听不懂，别说他们了。难道你愿意听一个连话都说不清楚的人讲故事、唱歌吗？”玉玉低头不说话了。妈妈又接着说：“还有一个问题，你说话声音非常大，说话速度又快，听起来一点也不悦耳。如果用这种方式讲故事，不管内容多有趣，都会让人觉得很无趣。你试着像电视主持人那样说话，看看效果怎么样？”

玉玉听了妈妈的话，仔细观察电视台主持人的说话方式。过了几天，她试着放慢语速，富有感情地为小朋友讲故事。这一次，大家都听得非常入迷，就连小西也说玉玉讲得更有趣呢！

玉玉的发音、吐字不当，是她失去“小听众”的主要原因。在现实生活中，与玉玉相似的情况并不少见。这是因为，每个人的音质、语音情况是不同的，有的人天生声音甜美，有的人天生声音洪亮，有的人天生声音沙哑、吐字不清甚至干瘪难听。虽说天生的发音器官不会轻易改变，但通过后天的训练完全可以让孩子的声音质量、吐字有所改善的。

能让孩子练好发音、吐字的首选莫过于吐字归音、练气以及练声。

1. 吐字练习

吐字与发声是一对亲密的伙伴，当发音清晰、圆润时，吐字才能准确。吐字是发出一个音节的过程，可分为三个阶段——出字、立字和归音。出字就是声母与韵头(介词)的发音过程，立字是指韵腹(主要元音)的发音过程，归音是指韵尾(音阶发音的收尾)的发音过程。

这三个阶段并非独立的，而是有头有尾，形成一个“枣核型”：出字发音准确、弹发有力，发音动程小，时间短；立字发音动程大，时间也长；归音的发音动程小，时间短。它们是让孩子普通话更纯正的关键。如何顺利完成这三个阶段呢？我们先来了解一下字的组成，字是由音节组成的，音节可分为字头、字腹和字尾三部分。吐字时一定要紧紧咬住字头，嘴唇要有力，将发音力量集中在字头上，并由此带响字腹和字尾。字腹的发音应饱满、立体、圆润，口型要正确。字尾一定要把“音”归到位，也就是发音完整、长短适中，不能发半截子音，更不能拖音。

当然，对“枣核型”不能过于绝对化，片面强调“字字如核”，会让孩子追求技巧和方法，反而削弱或破坏声音的感情色彩及语言的节奏，透出拼凑痕迹。

2. 正音练习

正音练习是对吐字练习的一个补充，在练习过程中，孩子能根据普通话的读音标准，矫正自己的地方音和习惯音，比如平舌音和翘舌音不分、前鼻音和后鼻音混淆等。这里以平舌音和翘舌音为例，提供几组练习。

(1) 对比平翘舌声母，读出字音，再用每个字造词组。

平	翘	平	翘
资	指	苍	嫦
杂	闸	擦	插
丝	师		

(2) 对比平翘舌声母，读出词组，再用每个词组造句。

平	翘	平	翘
资助	蜘蛛	木材	木柴
采茶	拆差	四次	试吃

3. 练习吸气与呼气

发声是说话的要件，不过在这之前，我们要帮助孩子练气。俗话说“练声先练气”，气就像是汽车的发动机，是我们发声的动力，气不足了声音就显得干瘪无力，气太多了又会损害声带，所以一定要让孩子掌握好“发气”的力度。

(1) 吸气：吸气时要深深地吸，想象一下自己正在闻一股香气，肩膀保持静止，尽量把更多的气吸进身体内，让小腹收缩，整个胸腔尽量向外扩张。

(2) 呼气：吸气训练到位后，就可以开始呼气训练了。呼气与吸气一样，都要慢慢地将气体送出身体。呼气时不要张大嘴，而是嘴唇微闭，上下齿间留一个小缝，作为气体流出的“通道”。

4. 练习发声

练声包括很多内容，我们将它们归结为口腔训练。不过在做口腔训练时，要帮助孩子做一些准备活动，如持续发“哼”或“嗯”的音，用轻缓的气流震动声带，为它做做“热身”。

(1) 活动双唇

步骤一：用口腔呼气，双唇紧闭，想象它正在对抗这股想要冲出来的气流，然后突然放开，依次爆发出“b”或“p”的音。

步骤二：双唇紧闭后用力向前撅，再将瘪嘴并将嘴角向后拉，交替重复1～2分钟。

步骤三：双唇紧闭，撮起后依次向上、下、左、右活动，交替重复1～2分钟。

步骤四：双唇紧闭，撮起后依次向左、右各旋转360°，交替重复1～2分钟。

(2) 活动舌头

步骤一：将舌尖抵在下齿背处，在舌中纵线的作用下使上门齿刮拭舌面，与此同时口腔被撑开。

步骤二：舌尖用力抵在上门齿牙龈处，突然放开，依次爆发出“d”、“t”的音。

步骤三：舌根用力抵在软腭上，对抗从喉咙里涌出的气流，突然放开，依次爆发出“g”或“k”的音。

步骤四：双唇微闭，用舌尖交替抵住左右内颊，持续1～2分钟。再将舌头在唇齿间环绕数次。

步骤五：将舌尖轻轻上卷，抵在上腭；舌面边缘适度用力，紧紧依靠在两侧上腭与牙床。舌面边缘尽量不动，舌尖连续轻弹上齿。

(3) 鼻腔共鸣

步骤一：发“i”、“a”，来体会鼻腔共鸣。

步骤二：读以“m”或“n”开头的词汇，如“妈妈”、“接纳”、“猫咪”、“姓名”、“出门”等，适合鼻腔共鸣较少的孩子练习。

步骤三：如果孩子在读“渊源”、“间断”、“光芒”、“荒凉”等词时，鼻腔从元音就开始震动，表明鼻腔共鸣使用过多，应减少元音的鼻化程度。

朗读，让孩子字正腔圆更富感情

朗读是以普通话为标准音进行的，它对声音和吐字的要求很多，比如字正腔圆，语句熟练，语句和语调都要表情达意，不少公认的口才大师都是从朗读开始的。

美国前总统林肯的口才好是举世公认的，他将这点归功于朗读。林肯小时候家境贫寒，全班只有一本课本，老师拿着课本在讲台上领读，学生在下面跟着大声念，林肯在这所学校就养成了一个伴随其终身的习惯——不管看什么，只要他想牢牢记住，就会大声朗读数遍。当林肯成为一名律师后，每天早上到法律事务所的第一件事，就是拿当天的报纸边看边大声念。为此他的合伙人没少抱怨，林肯解释道："一边看一边大声读出来，对我来说有双重作用，一是我看到了我读的内容，二是我听到了我读的内容。这样我就可以知道，我读出来的内容是不是能吸引到我。"

林肯的经历向我们展现了朗读的神奇性。孩子经常练习朗读，吐字发音会更准确规范清晰，声音会更优美，语调会更富感情，语言表达能力一定会得到明显提高，并且能从深层抓住听众的心。

不过，并不是所有的朗读都能为会表达增添砝码，采用错误方式反而会弄巧成拙。这种朗读方式通常表现为朗读时声调平直，没有重音，速度很快，缺少起伏、停顿，只是机械地将文字变为声音，缺乏感情。孩子一旦形成这种朗读习惯，就很难纠正了。我们要做的是帮助孩子更好地练习发音，并在朗读过程中用语气、语调、表情等进行协助，使内容变得更富趣味性。

在朗读中运用语音应注意以下几个方面：

1. 声音的高低变化

每一篇作品中包含了诸多的感情，这些感情是用语句串联起来的，在朗读时就需要根据不同语句特点，来把握声音的高低变化。高音用来表达激动、兴奋、热烈、生气、斥责、命令、紧张等情景情感，低音通常用来表示缓慢、宁静、回忆、秘密、痛苦、失望、悲伤等情景情感；高音通常多用在记言部分，低音则多用在记事部分。大体区分了高音、低音的各自用途之后，在朗读时就需要灵活处理了。

如：有一只小乌龟和小兔子赛跑，它们约好谁先到终点就算赢（第一句话是陈述句，可用低音处理）。小兔子快到终点时，发现小乌龟落得远远的，于是说："哎，我领先这么多，时间还早，我先睡一会再说！"（声音高一些）正当它美美地睡着时，小乌龟马不停蹄地向前爬着（低音处理），终于超过了小兔子，第一个到达终点（声音再高一些）。小兔子一觉醒来，看看后面，没发现小乌龟的踪影，它揉了揉眼睛，理了理毛发，不紧不慢地迈过终点（声音偏低一些）。刚想宣称自己获胜，却发现小乌龟早就站在第一的领奖台上了（声音最低）。

2. 朗读速度快慢适宜

朗读的语速能够表现出作品中的不同情境，令孩子的表达更富感染性。比如说当情节比较紧张或出现急剧变化，表现热切、焦急、惊讶等情绪，或刻画人物的年轻、豪放、开朗，表达抨击、鄙视、斥责等感情时，就可快速朗读；场景比较平静、庄重，追忆或回顾往事，表现苦闷、悲愤、宁静等情绪，应用慢速处理。而一般的叙述、说明性文字，以及过渡句子、感情没有变化的句子，用中速朗读。此外，一些散乱的冗长的句子或发音拗口的词汇，语速不要太快；富有韵律色彩的语句或词汇，说得快些听起来才显得顺畅。

当然，语速的快与慢只是相对而言，不能过于绝对。过快或过慢都可能造成表达上的障碍，这一障碍不仅会影响朗读效果，还有可能影响孩子的日常交流。比如，语速过快会使人听不清，无法体会内容的意义，还有可能让人有喘不过气的感觉。语速过慢呢，又会有拖泥带水的问题，让人觉得索然无味，不耐烦，不想再听下去。

3. 适当的停顿

无论是朗读还是日常说话，我们都不可能一口气说完，中间一定要换气。从生理角度看，换气是为了调节气息；从朗读的效果来说，换气是为了完整清楚地表达作品内容，令作品的思想感情更突出，使听众在听清楚、听明白的基础上准确地把握作品，从中受到启发。

一般来说，停顿可以标点符号作为依据，它也被称为语法停顿。不同的标点符号停顿的时间有长有短，句号、叹号、问号的停顿节拍为两拍，冒号、分号、引号为一拍半，逗号为一拍，顿号为半拍。不过，在朗读时停顿也不能完全依照标点符号的"指示"，否则不仅会使朗读变得呆板、机械，还会令内容变得松散，无法正确表达出语意和思想感情，也令语言表达失去了活力。因此，除了在标点符号处适当停顿外，在句子内部也可以作短暂停顿。

(1) 气息停顿：如果遇到一个较长的句子，可以在句子中的适当位置适当停顿。停顿的位置以作品内容而定，但不能破坏词语的完整性。停顿时最后一个字的语音要适当拉长一些，以便能与下面内容连接起来，这样读起来就不会给人感觉一截一截的了。

(2) 结构停顿：它是为了表示作品的段落、层次等所作的停顿。段落停顿这个很容易理解，就是每段话之间的停顿；层次停顿相对较细一些，一段甚至一句话中都能分出细小的层次。比如，"长得个不大，耳朵长又长，眼睛红红的，嘴巴有三瓣，白色的皮毛在太阳下泛着光"，这句话是形容小兔子的，从个头、耳朵、嘴巴、毛色来形容的，也就是说包含四个主要层次，这时就不能单纯依靠标点来停顿了，而是根据各层次之间的关系来决定停顿次数。

我们再以一首儿童短诗《山》中的一小节为例：山/要找/鸟儿/玩，鸟儿/拒绝/他。山/要找风/聊天，风儿/溜走了，只留下/，山/愣愣地/站在那里。

一般来说，停顿时间的长短根据作品中具体的语言环境而定：层次长于段落，段落长于句子。层次之间、句子之间、段落之间，如果前后关系比较密切，时间要稍短些；如果连贯性不强，或需要另起思路，就停顿长一些。

(3) 逻辑停顿：如果想突出或强调某一特殊意思，这时需要适当停顿。例如，体现呼应关系，"这小燕子，便是我们故乡的那一对，两对么？"句子中的"那"是与"一对，两对"呼应的，因此在"那"后面必须有一个短暂的停顿，否则就只能体现出与“一对”的呼应，不仅容易对作品的原意造成偏差，也令意境大大失色。

4. 用重音“操作”内容

轻重音是否能运用自如，关系到能否想要将重要内容正确传达给听众，或达到某种特殊效果。

重音是为了突出某个意思，朗读时刻意重读句子中的某些词，主要有逻辑重音和感情重音。

(1) 逻辑重音是为了表达句中的某种含义，比如“我不想吃饭”这句话，每个字都可以作为重音，所表示的意思自然也不相同。

我不想吃饭。(意思是“不是别人，就是我”)

我不想吃饭。(意思是“谁说我想吃饭了”)

我不想吃饭。(意思是“不是我吃不了，是我不想”)

我不想吃饭。(意思是“我不想做的事是吃饭，而不是其他的”)

我不想吃饭。(意思是“我不想吃的是饭，我可能想吃点其他的”)

(2) 感情重音出现的目的，是为了将作品中的爱憎、喜忧等情感表达给听众。还是以儿童诗《山》为例：“山要找鸟儿玩，鸟儿拒绝他。山要找风聊天，风儿溜走了，只留下，山愣愣地站在那里。”

作者用拟人的手法，描述了山的寂寞。为了能让小听众感受到山的寂寥之情，就需要找准重音所在。在这首词中，“山”、“鸟儿”、“拒绝”、“风(儿)”、“溜走”、“留下”都是需要重读的。

当然，在引导孩子读重音时，不能简单地提高音量，而是用慢读、重音轻读、停顿来配合。慢读是指拉长音节，放慢节奏，一字一顿地读，多用于疲倦、无力、讽刺、反语等情境；重音轻读主要是将语势减弱，表现出声小气多，多用于环境幽静、情思绵绵、细语呢喃等情境；停顿是指在重音前后做一次或长或短的停顿，以加重重音的分量。

5. 用语调左右声音高低升降

语调就像是一个个音符，能令原本平铺直述的句子显得抑扬顿挫，使语言表达更富感情，以便听众更好地理解和回味。我们常用的语调主要有平调、升调、降调和曲调四种。

平调就是一句话中，语调从头到尾都没有明显的高低变化，多用于庄重、厌恶、冷淡、严肃及一般叙述的情境。升调是指一句话中，语调前低后高，即在句子的结尾语气上扬，多用于命令、反问、疑问、号召、申诉、鼓励、呼唤、语意未完等情境。降调是指一句话中，语调前高后低，即在句子的结尾语气逐渐降低，多用于要求、赞扬、肯定、感叹、沉重、毫不犹豫等情境。曲调是指在全语句中，语调或先升后降，或先降后升，多用于反语、讽刺、厌恶、诱惑等语境。

平调、升调、降调和曲调在一部作品中并不是独立存在的，它们各司其职，巧妙配合，令孩子在朗读中学到如何打动听众。

我们以儿童短诗《山》的第五小节中的一部分为例：

山，（平调，表沉着）

永远也长不大。（平调，表叙述）

一年到头，（平调，表叙述）

多穿着绿衣服，（平调，表叙述）

静静地站在那里，（平调，表庄严）

任风吹，任雨打，（降调，表沉着、自信、坚毅）

他都不怕。（平调，表庄严）

多练绕口令，让孩子伶牙俐齿

会表达离不开“想说就说”、“妙语连珠”、“准确表达”，能够同时满足这三方面要求的非绕口令莫属。绕口令是一种语言游戏。由于绕口令中的字音很相近，非常容易混淆，没有伶俐的口齿、敏捷的思维、牢固的记忆是很难做到的。因此，经常让孩子练习绕口令，可以提高他的表达能力，并可令思维、记忆得到锻炼，还可以避免口吃。

案例

著名相声家侯耀文在台上台下妙语连珠，逗人捧腹大笑，谁能想到他从小说相声天赋并没有那么好。当时侯耀文还不满五岁，他的父亲侯宝林先生在家给徒弟教授表演艺术，小侯耀文也歪着小脑袋在一旁似懂非懂地听着。休息间隙，徒弟们开始逗弄侯耀文，这个说："跟我说，吃葡萄不吐葡萄皮儿，不吃葡萄倒吐葡萄皮儿……"；那个说："跟我说，打南边来了个喇嘛，腰里别着个喇叭……"侯耀文真就跟着说了。可是他哪说得好，一着急不是说错字就是前后颠倒，惹得大家哄堂大笑。

别看侯耀文那时话都说得不利索，可他心里明镜儿得很，他也要和大哥哥们一样，把话说得顺畅干脆。为了让大家看到自己的能力，侯耀文每天都偷偷地练习绕口令，除了"吃葡萄皮儿"和"打南边来了个喇嘛"，还有"四和十、十和四，十四和四十、四十和十四。说好四和十，得靠舌头和牙齿。谁说四十是'细席'，他的舌头没用力；谁说四十是'适拾'，他的舌头没伸直；认真学，常练习，十四、四十、四十四。”、“树上结满桃子，树下站着猴子。树上的桃子望着树下的猴子，树下的猴子望着树上的桃子。每只猴子吃两个桃子，树上还剩四个桃子；每只猴子吃四个桃子，就有两只猴子吃不着桃子。你说树上有几只桃子？树下站着几只猴子？”等。

经过反复的练习，侯耀文终于把绕口令说顺了，口齿练得麻利了，还学会了十几个相声小段，时常给小伙伴们有声有色地表演。只要他一开口，必定会引得掌声一片。

侯耀文学相声，是从绕口令开始的，是绕口令帮他练就了一张灵巧的嘴，也是绕口令帮助他日后成为相声名家。所以说，让孩子练习绕口令，对他的口才锻炼大有好处。

不过，绕口令是若干双声、叠词词汇或发音相同、相近的词组组成的，读起来极易混淆，因此孩子在练习时不能仅“说”就够了，还需要掌握一些技巧。

1. 先让孩子“慢点”说

或许大家会感到疑惑，说绕口令不是如同吐珠子一般，节奏要快吗？这么想并没有什么问题，这里之所以强调慢，完全是为了孩子考虑。这一年龄段的孩子，发音吐字都较成人弱一些，在刚开始时更要放慢速度，掌握好适当的节奏。当然，不是越慢越好，而是说只要能将整个段子说得清楚、流利、连贯就可以了。

(1) 长吸慢呼：说之前先深深地吸一口气，在说的过程中均匀地呼气，在呼气过程中把话说完，有利于整理思路、把握吐字准确性。

(2) 先慢后快：在刚开始练时，先要让孩子将每个字的音都咬准了，每句话都说得清晰连贯，在这个基础上再逐渐加快速度。我们以“黄瓜和豆荚”这个绕口令为例：

第一步：

张家——种——黄瓜，李家——种——豆荚。

张家——的——黄瓜——开——黄花，李家——的——豆荚——爬——满架。

张家——的——黄瓜——在——李家——的——墙上——挂，李家——的——豆荚——在——张家——的——篱笆上——爬。

张家——摘——豆荚——还给——李家，李家——摘——黄瓜——还给——张家。

第二步：

张家种——黄瓜，李家种——豆荚。

张家的黄瓜——开黄花，李家的豆荚——爬满架。

张家的黄瓜——在李家的墙上挂，李家的豆荚——在张家的篱笆上爬。

张家摘豆荚——还给李家，李家摘黄瓜——还给张家。

第三步：

张家种黄瓜，李家种豆荚。

张家的黄瓜开黄花，李家的豆荚爬满架。

张家的黄瓜在李家的墙上挂，李家的豆荚在张家的篱笆上爬。

张家摘豆荚还给李家，李家摘黄瓜还给张家。

孩子由慢及快反复练习，就能加深对绕口令的印象，更好地区分和把握字的读音、声调，读起来更顺畅，直到熟练掌握。

(3) 绕口令内容由短到长：先让孩子练习短的绕口令，再练习长的，有利于激发孩子的兴趣，同时也能让他更好地掌握说绕口令的技巧。像上面介绍的“黄瓜和豆荚”属于比较长的绕口令，而“吃葡萄不吐葡萄皮儿，不吃葡萄倒吐葡萄皮儿”、“冬天夜里长，夏天白天长。夏天比冬天夜里短，冬天比夏天夜里长”等短而简单，比较适合初学时练习。

(4) 为孩子描绘具体的画面：孩子喜欢最直接的体验，与文字相比，他们更喜欢图画。利用这一特点，我们不妨将绕口令的内容描绘成一幅生活小景，还是以“黄瓜和豆荚”为例，让孩子想象一下在农家院落中，绿色的黄瓜、豆荚爬满篱笆和墙上，到处郁郁葱葱，两家人亲亲热热一起生活，这样美好的景象会激起孩子的共鸣，自然就会兴趣大增，对绕口令的掌握更好。

2. 让孩子说得准

绕口令强调“快”和“准”，如果吐字不清，说得再快也不成“体统”，还有可能令孩子养成发音含糊的习惯，对于锻炼好口才自然有害无利。因此，在帮助孩子练习绕口令时，一定要协调好唇、舌、口等器官的“工作”。

(1) 练习“唇”功：读带有“b”、“p”、“m”、“f”声母的字，会令双唇变得更灵活。比如说“一座棚傍峭壁旁，峰边喷泻瀑布长，不怕暴雨瓢泼冰雹落，不怕寒风扑面雪飘扬，并排分班翻山攀坡把宝找，聚宝盆里松柏飘香百宝藏，背宝奔跑报矿炮劈火，篇篇捷报飞伴金凤凰”中，“棚”、“傍”、“旁”、“喷”、“瀑”、“不”、“怕”、“瓢”、“泼”、“雹”巧妙地组织在一起，反复练习就可以锻炼唇部。

(2) 练习“齿”功：读带“z”、“c”、“s”与韵母相拼的字，或“j”、“q”、“x”、“y”与“i”、“in”、“ing”等韵母相拼的字，可以帮助孩子掌握平翘舌音。如“刚往窗上糊字纸，你就隔着窗户撕字纸，一次撕下横字纸，一次撕下竖字纸，横竖两次撕了四十四张湿字纸！是字纸你就撕字纸，不是字纸，你就不要胡乱地撕一地纸”中，“上”、“就”、“字”、“纸”、“撕”、“四”、“十”等非常容易读错，在练习过程中可先弄清容易出错的字，再反复练习。

(3) 练习“舌”功：读“d”、“t”、“n”、“l”、“zh”、“ch”、“sh”等声母与“a”、“e”、“ou”、“an”、“en”等韵母相拼的字，可以令舌头变得灵活、有弹性。比如“山前有四十四棵死涩柿子树，山后有四十四只石狮子，山前的四十四棵死涩柿子树，涩死了山后的四十四只石狮子，山后的四十四只石狮子，咬死了山前的四十四棵死涩柿子树，不知是山前的四十四棵死涩柿子树涩死了山后的四十四只石狮子，还是山后的四十四只石狮子咬死了山前的四十四棵死涩柿子树。”

(4) 练习“喉”功：读“g”、“k”、“h”等声母与“a”、“ang”、“eng”、“ong”等韵母相拼的字，能够帮助孩子调节从喉咙处发出的气流，有助于说话时找准重轻音位置。比如“粉红墙上画凤凰，凤凰画在粉红墙。红凤凰、粉凤凰、红粉凤凰、花凤凰。”

教孩子有条理地说话

说话有条理，针对的对象是3岁以上的孩子，即说话必须要连贯、有条不紊。乍一看，这种要求对年龄小的孩子来说没有必要，很多家长也认为，3岁多的孩子能说一句完整的话就足够了。其实，有条理说话是孩子运用逻辑思维的“产物”，而逻辑性是语言生命力的重要组成部分，二者相结合体现出口才的外在素养。有条理地表达，可以令孩子不必使用过多修辞或侃侃而谈，就能准确将自己所想传达给对方，让对方一听了然，最终建立起良好的沟通。

3岁的刘星和4岁的文欣是形影不离的好朋友。这天是周末，两个人在离家长不远的地方玩耍，在他们旁边停放着一辆汽车。当两个人玩得正开心时，不远处一个人骑着自行车快速冲过来，就在快到汽车停着的位置时，一只小猫蹦了出来，这个人为了躲闪小猫撞到了汽车上，汽车门被刮了很长的印记。这个人跳起来，扶起自行车就跑了。这一切发生得那么快，看护刘星和文欣的大人根本没有看到事情的经过。

很快，车主闻讯赶来，发现自己的汽车被刮得掉了一大块漆，非常生气，以为是刘星和文欣在玩耍时弄坏的。刘星结结巴巴地对车主说："不是我们，是小猫，还有自行车，我们在这边玩。小猫跳出来，车骑过去……"还没等说完，在场的人早已是一头雾水，车主更是认准了"肇事者"就是刘星和文欣。

这时，文欣站出来说："叔叔，刚才有一个人骑着自行车，速度很快，快到这儿时有一只猫跳出来，他为了躲猫就摔倒了，把您的车子刮坏了。"说着，文欣指着刮痕说："您看，这个刮痕这么高，我们够不到啊。那个人起来后，又骑着车子从后门跑了。"车主听了文欣的叙述，觉得她说得有道理，便冷静下来，在保安的协助下调取了小区录像带，录像的情景和文欣说的一样。车主抱歉地对两个孩子说："真是不好意思，冤枉了你们，还好这个小姑娘把事情说清楚了。"

对同一件事情，刘星缺乏条理性的叙述和文欣井井有条的叙述，哪个说服了车主是一目了然的。刘星的叙述虽然将组成事故的几个因素都包含到了，却未能很好地组合起来，使信息偏离了他要表达的中心意思，同时也背离了口才训练的初衷。文欣对事情经过的语言叙述把握很好，没有用多余的词汇，仅仅是将事情经过简洁利落地串联起来，让车主了解了来龙去脉，从而为自己和刘星"洗清冤屈"。

刘星说话缺少条理性并不是个案，很多孩子学说话时都犯有这个问题，形成的原因主要有两点：一是家长在平常生活中的言语即是如此，孩子自然而然地也"学会"了这种表达方式；第二点是孩子思维未完全成熟，相对较混乱，在说话时就有可能抓不住重点，或找不到事物之间的逻辑关系。

想要让孩子改掉这一不良习惯，有条理地说话，家长除了要以身作则外，还要培养孩子的逻辑思维。思维决定了孩子的语言组织能力，缜密的思维就像一个指南针，让孩子有条不紊地捋顺思路，有条理地说话。

1. 让孩子有顺序地观察单个物体

初学时可对一个物体进行观察，最好从孩子最熟悉的物体如玩偶开始，引导孩子依次描述玩偶的样子，引导可采用提问方式。

玩偶的头发是什么色的？——黄色的。

头发是长还是短？——短发。

玩偶是什么脸型？——圆圆的脸。

皮肤是什么颜色？——白色的？

皮肤上有什么东西吗？——有小黑点（雀斑）。

……

问题问得越细越好，让孩子尽最大限度去观察。当孩子对提问的内容比较熟悉后，再让他按照一定顺序，将玩偶的外形特征从头到尾说出来。慢慢地，孩子就形成有序观察和有条理说话的习惯。

2. 引导孩子观察几个物体或整个环境

当孩子能够有条理地描述一个物体时，可慢慢将对象扩大到几个物体或整个环境。同样可以用提问的方式，引导孩子回答问题，再将答案串联起来。比如，让孩子观察客厅，引导他从门口开始，按照由近及远或由远及近的方向，将客厅场景描述出来。

3. 让孩子一件事一件事地说

孩子对观察、描述某个场景或静止的物体比较熟悉后，接下来可以引导他描述一件事情。家长可按照时间先后向孩子提问，帮助他回忆事情经过，并随时提醒他——话要一句一句地说，不能抢，更不能急。当孩子可以有条理地描述一件事情后，再用相同方法引导他描述一天当中发生的多件事，确保孩子每次只讲一件事情，讲完后，再讲另一件事情。

4. 在复述中培养孩子说话条理性

家长平时有条理地说话，可给孩子起到榜样作用。复述也有相同的效果，它对培养孩子的口头能力和思维能力大有裨益。

(1) 利用“板书”复述：教孩子课文或讲故事结束时，家长可在纸上用文字或图表等形式将内容重点提炼出来，划分出文章的主体结构以及各个层次，让孩子根据“板书”复述一遍。

(2) 利用提纲复述：在让孩子说一段话或进行复述前，可引导他编写一个简单的提纲，比如复述童话《龟兔赛跑》，提纲内容有：1. 龟兔打赌；2. 兔子领先；3. 兔子睡觉；4. 乌龟赶上；5. 兔子睡醒；6. 乌龟胜利。在编写提纲的过程中，孩子理清了故事的思路，分清了主次，把握了重点，真正做到心中有“谱”，当他按“谱”说话时自然就能条理分明了。

练“描述”，提升孩子的表达能力

很多孩子学说话，都是从看图说话开始的，即家长给孩子一幅图或图画书，让孩子将图画上的情境说出来，这里的"说"其实就是描述，这是获取好口才所必须具备的能力之一。当孩子在逐步学习如何描述眼中看到的情景时，他的语言组织能力也同时得到锻炼。语言组织能力是口语表达的一项基本功。没有它，孩子也就不可能拥有一副好口才。

一天，小鸣的妈妈被幼儿园老师找来谈话。老师告诉她，小鸣在看图说话方面能力比较弱，不仅词不达意，还分不清重点主次，一幅简单的图画从他嘴里说出来，就像是毕加索的抽象画一样。妈妈虽然表面应承着，心里却不以为然，她认为不会看图说话没什么了不起，只要不影响说话就行了。可是过几天发生的事，就让妈妈不再这么想了。

这天是周末，一家人一起去郊外玩。大家坐在草地上一边野餐，一边欣赏风景。周围的风景很美，妈妈不仅感叹起来："瞧，这儿的风景就像画上的一样。"刚说到这儿，她突然想起老师的话，便对小鸣说："儿子，看这儿多美，你描述一下，妈妈帮你写在博客上，也让你的朋友能感受一下。"小鸣想了半天，在妈妈的反复催促下终于憋出一句："这里有山，有草地，还刮着风，有很多人……"说到这儿小鸣就再也说不出了。妈妈这才意识到，老师的担心并非没有道理。她现在很发愁，怎样才能让孩子把话说得绘声绘色呢？

小鸣由于缺乏描述能力，再美的风景或有趣的图像，从他嘴里说出来是那么枯燥无趣。从表面看问题并没有什么，但如果把这放到人际交往中，问题就非常明显了——没有一个人愿意与说话枯燥、颠三倒四的人交谈。人们不但从对话中找不到任何乐趣，还要因为要照顾说话人情绪，产生紧张、拘谨的感觉，这完全违背了口才训练的初衷。

描述，就像是学写字，只有按照正确的笔画顺序才能写出正确的字。同样，孩子只有按照正确的方法描述，才能将所见所闻表达出来，带给人或心旷神怡、或忍俊不禁、或悲伤忧虑等感情体验，使人虽未亲眼所见，却能如亲临其境一般。

孩子的描述能力不是天生的，需要我们对孩子进行引导，帮助他们掌握描述的技巧。用描述法训练孩子口才，可分以下几个步骤进行：

1. 仔细观察需要描述的对象

观察对象既可以是一幅画，也可以是一个景物，或者一个动态的场景。我们以“雨中的街道”为例，先让孩子观察街道上都有什么？如楼房、小摊、大树、行人、汽车等，他们（它们）都表现出哪些特征，比如行人的神态、动作如何？大树是什么样子的？楼房有多高……只有观察到位了，才能让孩子“心中有数”，在描述时有“话”可说。

2. 有顺序地叙述

一幅图画或一个场景中，会包含很多对象。根据绘画或摄影的构图特点来看，内容有主有次，顺序有前有后，这样才会令画面赏心悦目，扣人心弦。同样，描述也是如此，在描述时一定要有顺序地说，不要东一句、西一句。例如，在描述雨天的街道时，先描写静态的事物，如天空、楼房、大树等，然后根据时间顺序描写动态的人、汽车等。

3. 描述要抓住事物的特点，运用想象与联想

如果孩子只是看到什么就说什么，说出来的内容即使很写实，也只不过是一个“流水账”，平平淡淡，毫无趣味。因此，在描述中除了说出所见所闻，最好还要有用联想与想象来充实“画面”。

比如说，行人拿着伞在街上奔走，就可以将伞联想成“花”，有一篇散文是这样描写“伞花”的：“一朵蓝色的伞花羞答答地探身望了望，正在犹豫是否去跳上一曲时，被从背后而来的黄色伞花轻轻一碰，跌跌撞撞滑了进去。蓝色伞花正要嗔怪

黄色伞花时，已被黄色伞花拉着跳起了轻快的华尔兹，旋转着、旋转着像两只蝴蝶翩翩起舞，舞步溅起了无数的小水滴，晶莹的小水滴依恋地追随着蝴蝶。”原本只是几个行人再普通不过的动作，使用“伞花”作为比喻后，整个画面显得更加灵动、有趣，让听众脑海中浮现的不再是泥泞、阴沉的雨天，而是由一朵朵“伞花”构成的彩图。

除了景物外，人也经常是描述的重点，描述人与景物有不同之处，外表特征固然是描述的对象，但人还会说话、能做出表情，我们又该如何描述，令被描述者的形象丰富饱满呢？

1. 什么人说什么话

人物的性格、年龄、身份不同，说话的特点就不同，在描述时就要根据这些特点来说。比如，孩子描述女性说话，声音就要柔和一些，声调稍高一些，这样大家一听，就会觉得孩子的描述很形象。如果孩子声音很低沉，甚至故意粗声粗气，即使事先向别人说明这是一位女性说话，别人也不会相信。

2. 描述时可结合人物的表情、神态、语气

一个人说话时，总会表现出相应的表情、神态、语气等，这些能生动形象地展现出人物的性格特点，从而令描述变得更生动。比如，在描述班级里发生的“破坏事件”时，孩子只是简单地把人物对话说出来：玩具被摔坏了，裂成两半。老师问：“谁弄坏的？”捣蛋鬼小天说：“没看见。”小勇在一旁还帮小天说话。芳芳说：“是小天弄坏的。”小天不承认。老师说：“你们别吵了，还有谁看到了？”星星说：“没看见。”

如果孩子像上面这么说，那么这件事就显得很单调乏味，但加上符合小朋友性格、表情的描述后，效果就不一样了。

玩具被摔坏了，裂成两半。老师瞪着眼睛问：“谁弄坏的？”捣蛋鬼小天不停地摇着头，满不在乎地说：“没看见。”小勇在一旁偷偷地做了一个鬼脸，还帮小天说话。谁知这下子惹恼了芳芳，芳芳嘟着嘴，生气地说：“是小天弄坏的。”小天一把把芳芳推倒，跺着脚说：“才不是我弄坏的，你别冤枉我！”老师有点晕了，说：“你们

别吵了,还有谁看到了?”星星一见老师看他,吓得低下头,小声小气地说:“没看见。”

这么一来,就把每个小朋友的思想境界和性格特点都刻画出来了——小天惹是生非,小勇“助纣为虐”,芳芳正义感很强,星星则胆小怕事。即使大家没有亲眼看到这一幕,但是通过孩子的描述,就能立刻在脑海里浮现出具体的场景。

3. 描述不要冗长

无论描述的对象是静物还是语言、心理,必须简洁、精炼、生动,过于啰嗦冗长只会令听者感到厌烦,而不生动则会削弱描述的感染力。特别是在体现人的某些心理活动时,如果用表情或动作描述来进行暗示,效果会更好一些。比如《水浒传》第三回《鲁提辖拳打镇关西》中,当鲁达知道金氏父母的悲惨遭遇后,他第一个慷慨解囊,史进也随之解囊,唯独李忠“去身边摸出二两来银子”,这里的“摸”字隐含了他丰富的内心活动:“鲁达这人,第一次就借钱,他说是借,可是还不还还不一定呢。我辛辛苦苦攒了这点银两,如果不还我岂不是全白干了?可让我向他讨要,又坏了我的名声?也罢,就少借些吧,就算不还我也不会太吃亏……”这些心理活动多么丰富,可如果真的写出来,就会令情节、语言方面显得繁琐,使用动作描述来暗示心理活动,可以给听者留下广泛的想象空间,在节约文字的同时,又丰富了人物形象,何乐而不为呢?

练习复述,培养语言能力的加速器

复述和背书是不一样的,它不是让孩子一字不差地将内容背出来,而是将听过或读过的内容,运用自己的语言和书中学过的主要语句,在短时间内进行综合概括,组织安排,生动形象地表达出来。这种训练方法既能锻炼孩子的记忆力、反应力和语言的连贯性,又能发展口语表达能力,同时还为孩子锻炼口才积累丰富的材料。换句话说,只有当孩子掌握了成熟的复述能力,他的表达能力才会不断提高。

案例

李逸是学校辩论队的队长，说起他的口才，没有人不举大拇指。有人说，李逸的口才是天生的，他并不这么认为。

在李逸刚学会说话的时候，爸爸妈妈就给他讲故事，每个故事都讲很多次，直到李逸亲口说“听懂了”为止。不过这并不代表结束，接着爸爸妈妈鼓励李逸自己将故事复述一遍。刚开始李逸说得结结巴巴，故事听起来索然无味。可是爸爸妈妈没有嘲笑他，而是一边夸他讲得明白，一边用提问的方式引导李逸使用更加生动形象的语句来“包装”故事，慢慢地，李逸对故事的复述得越来越好了，不仅听完故事后主动复述给爸爸妈妈听，还讲给小伙伴听，慢慢地他被大家称为“故事大王”。

除了复述故事外，爸爸还让李逸复述刚刚发生的事情。比如说妈妈收拾好东西后离开房间，爸爸就问他：“谁刚刚走出房间了？”李逸吃完零食后，爸爸问他：“你刚才都吃了哪些东西，味道怎么样？”一开始事情发生时间和提问时间离得较近，随着李逸表达能力的提高，爸爸逐渐延长了时间间隔，提高了复述的难度，李逸的表达能力和逻辑思维、形象思维都得到了很好的锻炼，无论是什么话题都能说得头头是道。

通过复述故事，再逐渐升级到复述日常生活中发生的事情，李逸的各项能力都得到提升，特别是语言表达能力，他在复述过程中形成了属于自己的风格，对培养好口才来说是个很好的锻炼机会。

那么，我们应该怎样抓住并利用这个机会，锻炼孩子的语言能力呢？

1. 挑选复述的内容

(1) 利用书面内容：图书、杂志、报纸等书面材料中有很多小故事、诗歌、散文等，我们可以读给孩子听，或让他自己阅读，抓住其中的关键语句，充分发挥想象力，用自己的语言叙述出来，使作品更具体化、形象化。

(2) 利用活动或日常生活：孩子在生活中可能经常参加一些有意义的活动，或发现某些活动细节，这些对他们来说都是非常新奇、有趣的，为了能让家人分享他的心情，很多孩子都会围在父母身边“喋喋不休”。我们要做的不是打断他，而是鼓励并引导他将自己认为最有趣、有意义、能带来快乐的情节说给我们听。久而久之，孩子的口头表达能力自然就得到了提高。

(3) 利用电影或电视节目：孩子如果不太喜欢看书，而是喜欢看动画片或其他电视、电影节目，在观看完后让孩子说说节目中的精彩情节，来锻炼说话的条理性、准确性以及说话内容的针对性。

2. 掌握复述的技巧

无论是复述文字、活动还是节目，首先一定要是孩子看过或经历过的；复述的内容不要太长，且有一定情节性。挑选的故事要生动有趣、篇幅短小，动画片则有鲜明的主题。孩子在第一遍复述时，只需要将基本情节用自己的话复述出来就行了，第二次除了复述情节外，还要复述出一些对白及描写性语言，第三遍复述就需要基本准确地讲出内容了。

孩子在刚开始复述时可能会比较吃力，这时我们不要对他进行批评、埋怨或催促，以免孩子感到紧张，影响复述效果。我们可以利用玩偶、图画等作为道具，对孩子进行提问。例如复述“青蛙过河”的故事，我们准备纸做的荷叶和青蛙等道具，一边提问“青蛙准备干什么?”、“它想到哪里，用什么做交通工具?”等等，用道具进行表演，让孩子一边思考问题，一边复述故事，达到一举两得的效果。然后，让孩子仿照故事的表达形式，将各种问题的答案串联在一起，形成一个完整的故事。

当孩子在复述方面有了进步时，就可以让他对一些比较平淡的叙述性语句，展开合理想象，用具体、形象的语言对句子进行渲染。例如，“欣欣认真地画画，过了一个多小时，终于完成了。”我们可先给孩子一个示范；“今天是周末，小朋友叫了欣欣很多次，可是欣欣都拒绝了，她坐在桌子前，认真地画画，过了一个多小时，终于完成了。”接着，让孩子结合生活的感受，想象出各种情节，在这句话的基础上进行复述。多做一些这样的练习，有利于他们较好地掌握词汇，更好地发展自己的口语能力。

鼓励孩子讲故事，增强表达力

很多做父母的都愿意给孩子讲故事，认为孩子听的故事越多，掌握的词汇就越多，对训练口才自然就越有帮助。可是大家有没有想过，让孩子自己讲故事更能锻炼口才？故事中既有独白，也有人物对话，还有叙述性或描述性语言。孩子在“讲”的过程中，不仅能充分发挥想象力、创造力，更重要的是可以同时锻炼多种口语能力。由此可见，讲故事也是练习语言表达的一种好方法。

卿卿很早就学会说话了，可是她的爸爸妈妈总是犯愁，女儿说起话来虽然很顺溜，可是一点都不吸引人，本来一个很有趣的内容，被她说得如同嚼蜡一般，而且条理不清楚，常常说了这句又跳到另一句上，让人摸不着头脑。

妈妈听说讲故事对表达能力有好处，便决心训练卿卿讲故事。一开始妈妈先让卿卿讲她最熟悉的“小蝌蚪找妈妈”，卿卿故事虽然背得很熟，可是讲起来一点也不好听。这时，妈妈问卿卿：“如果你迷路了，是不是会很难过，心情很焦急，难道会像你念故事一样这么平淡吗？”卿卿想了一会，表情变得凝重了，她重新讲了一遍故事，这一次她没有急着“交任务”，而是增加了感情，把小蝌蚪找不到妈妈时的焦虑、找到妈妈时的开心表达得很好，妈妈听完后非常感动。过了几天，卿卿在幼儿园老师组织的讲故事比赛中，就讲“小蝌蚪找妈妈”，获得了第四名，这对于卿卿来说是一次很大的进步。

有了这次经历，卿卿变得很爱讲故事了。在生活中看到什么，都会编成一个个小故事。刚开始，她编的故事情节比较简单，有时还会用错词、句，不过在妈妈的帮助下，卿卿慢慢积累了丰富的词汇、句子，编出的故事更有趣，也更好听了。

别以为卿卿只能编故事，事实上，编故事、讲故事让她的语言表达能力提高很多。一次，小区里发生了盗窃案，目击者只有一群孩子，其他孩子在接受警察叔叔询问时只能简单地说出几个情节，而卿卿绘声绘色地仔细描述了仓惶逃跑的小偷的大概面貌，以及逃跑方向等，她的描述为抓住小偷提供了很有用的线索。卿卿没有偷懒，她把这次经历又编成一个故事，讲给大人和小朋友听，大家都夸卿卿口才好，故事讲得棒！

卿卿学会讲故事后，她的语言表达有了很大提高，不仅给周围人带来欢乐，还为警察抓住罪犯贡献出自己的一份力量。卿卿本人呢，也在编故事、讲故事的过程中享受到了乐趣与成就感，并让自己的口才有了锻炼的机会。由此可见，比起听故事，让孩子自己讲故事的意义更大。

不过，讲故事看起来很容易，真要讲起来就没那么容易了。有的人说起话来头头是道，但讲起故事就干巴巴的，毫无吸引力，他们所缺乏的其实是讲故事的技巧。

1. 快速进入主题

每个故事都有一个主题，想要快速吸引他人注意，就需要孩子在讲故事时尽快将自己的观点传达给听众。说话啰嗦，讲了好半天还是在原地兜圈子，只会令听众厌烦，或心理期待落空。

2. 概念要准确

不要使用模糊的概念，比如“可能”、“好像”，这一类词汇会降低孩子所讲内容的真实性，而且还会转移听众一部分注意力。比如，在介绍时间背景，不要说“好像是在早晨五点”、“可能是下午四点”，而是要肯定地说出具体时间。如果实在无法确认，可以直接说“那是在早晨”、“那是在下午”，这样故事会显得更真实、更有说服力，这也是会表达要达到的一个目标。

3. 避免使用解释性语言

解释性语言多指“因为……所以……”，虽然这一类语言表面上好像是能把事情交代清楚，却会使叙述显得比较啰嗦，冲淡故事的情节。比如，“因为今天堵车了，所以我又迟到了”，就不如描述性语句——“今天堵车，我又迟到了”效果好。

如果不能让孩子克服这一叙述习惯，长此以往，势必会对他日常生活中的表达能力造成影响，对口才的形成也非常不利。

4. 用事实来侧面反衬

在描述人物心理活动时，一个劲地说对方心里害怕或者高兴，这样很难让听众感受到人物的内心活动，而用事实来进行侧面反衬，则更能引起听众的共鸣。比如惊恐，可以用“汗毛竖了起来，吓出一身汗”来形容；说高兴，可以用“乐得一个高蹦起来，嘴巴都合不拢了”形容。这会让故事更逼真，也会令孩子的语言富有感染性。

5. 避免使用抽象性语言

抽象性语言和模糊性概念差不多，都会令故事或说话内容缺乏真实性。比如，“他的个子非常高”，这里的“非常高”很可能就会令听众产生“非常高，那会有多高，能有房子高？太夸张了吧？”的想法，如果改成“他的个子比姚明还高出半个头”，立刻就会使这个人的形象具体化，效果自然大不一样了。

6. 给故事增加点曲折性

同一个主题的故事，处理情节的方法不同，给听众带来的效果也不同。以一个笑话为例，甲说“三七二十一”，乙坚持“三七十八”，两个人争执不下便去告官。在处理这个“案子”时，如果县官判乙输，固然没有错，但这样讲故事很平淡，没有意思；如果县官认为二人为小事争执浪费时间，判各打二十大板，可能会给人留下莫名其妙的感觉，而且问题没有解决。会讲故事的人，不会选择前两种情节，而是会这样安排情节：县官二话不说，打了甲二十大板，让二人回去。甲越想越委屈，又跑到衙门喊冤：“明明我才是对的，为什么打我？”县官恨铁不成钢地说：“他都‘三七十八’了，你还和他争辩。他是个糊涂人，难道你也不明白？你说你该不该打？”甲心悦诚服。显然，第三种情节更加吸引人，讽刺了一些人总是有理无理强辩三分，结果耽误大事，用小故事简明扼要地阐明了大道理，使人深省。

7. 开场时留一个悬念

有这么一个小故事，大概内容是甲家门口立着的邮箱不知被谁撞坏了，找不到肇事者。甲暴跳如雷，写了一份告示，大意是谁撞坏了我的邮箱，限一周内给我修好，否则就会像乙年轻时曾经做的那样对付他。这个乙在这个住宅区是出了名的坏脾气，看到这个告示，肇事者很害怕，不知道乙用什么方法惩罚过人，想了一天，他在晚上悄悄地把甲的邮箱修好了。邮箱虽然修好了，总想知道乙做了什么。他终于忍不住，去问乙，乙摸摸胡子说："哦，那个时候啊，我自己把邮箱修好了。"肇事者非常惊讶："可是你脾气这么爆，怎么会自己修邮箱?"乙哼了一声，说："那个时候老子脾气好得很呢!"这个故事讲得非常巧妙，先是留了一个悬念，最后才交代了让人啼笑皆非的"惩罚方法"。试想一下，如果一开始就把一切都交代清楚了，故事的趣味性一定会大打折扣。

8. 表达出不同角色的特点

故事的情节性非常强，大多是通过人物语言、行为表现出来的，在描述某个人物或者说出对白时，都应符合这个人的特点，如孩子的天真无邪、坏人的狡诈、好人的正义等。此外，还要一边讲一边设计动作和表情，从而为故事增色。

角色扮演，让孩子在快乐中练就语言表达能力

大多数孩子都喜欢玩过家家的游戏，你扮演爸爸，我扮演妈妈，他扮演孩子，每个人都有角色分配。这种游戏其实就是角色扮演的雏形。在扮演的过程中，孩子不仅要表现出角色的性格、动作，更重要的是说好各种台词，表现出角色的性格，增加角色形象的饱满度，这对口才训练非常有帮助。

琦琦的妈妈最近很发愁，幼儿园老师向她反映，琦琦无论是朗读故事还是表演节目，说起话来不生动，而且话也说得不是很利落。妈妈听了老师的反映，用了很多方法来帮助琦琦训练语言表达，可是收效甚微。

正当妈妈不知如何是好时，看到琦琦又在和玩偶们说话，她顿时想出了一个好方法。琦琦最喜欢玩的游戏就是把自己的玩偶们“召集”在一起，为每个玩偶分配“角色”，然后一人饰多角，嘟嘟囔囔说个不停。何不利用角色扮演来帮助琦琦呢？

这天，妈妈买了小兔子和大灰狼的玩偶，对琦琦说：“琦琦，妈妈给你买了新玩偶，咱们一起玩吧！”琦琦高兴地答应了，妈妈又说：“咱们玩什么好呢？这样吧，不如我们一起来演一演《小兔乖乖》这个故事，好不好？你来扮演大灰狼，妈妈扮演可爱的小白兔。”琦琦同意了。

于是，母女俩就开始演了起来，正演到大灰狼在门外喊“小兔乖乖，把门开开，我是妈妈”时，妈妈扮演的小白兔摇摇头说：“你不是妈妈，你是大灰狼。”琦琦有点急了：“妈妈，你为什么不按故事表演呢？”妈妈回答：“因为你的声音根本不是兔妈妈嘛。”琦琦疑惑地说：“我是大灰狼啊，所以才这样说话。”妈妈摇了摇头：“你的角色虽然是大灰狼，可是为了迷惑小兔子，就要像兔妈妈一样说话，这才是一个好演员要做的呀。”

琦琦点点头，用更温柔地声音说：“小兔乖乖，把门开开，我是妈妈。”妈妈接下去说：“声音这么温柔，一定是妈妈。”说着把“门”开了一条小缝，又立刻关上，说："哎呀呀，大灰狼说话太像妈妈了，真危险呀。"演到这儿，母女俩不由得哈哈大笑起来。

从这以后，只要妈妈一讲故事，琦琦就要求扮演角色，而妈妈每次都会配合她。等到琦琦上了幼儿园大班，不仅表演能力让大家刮目相看，平时说话也都能绘声绘色，吸引大家的注意。

正是凭借玩角色扮演，让琦琦的语言表达能力得到很大的提升。为什么角色扮演能训练孩子的口才能力呢？在角色扮演中，"演"占有重要的成分，为了能使扮演的角色惟妙惟肖，就需要孩子利用"说"，并配合表情、肢体活动等，将角色绘声绘色、惟妙惟肖地表现出来。同时，一场扮演中往往有多个角色，这就需要孩子运用语言做好沟通。就这样，孩子的语言能力在表演的过程中得到了很好的锻炼。

不仅如此，由于角色扮演是对现实生活的模仿，孩子会将自己放在不同角色的位置上，从各种方面看待问题，找出解决方法，从而在不知不觉间练习社会交往技能，提升了个人认知能力。有了这些作为铺垫，孩子在日常交往中能利用所学到的知识，更好地与人沟通，向他人表达自己的思想。

如果你的孩子不善于表达，却有表演的愿望，那就让他在角色表演中开口说话，提高表达能力吧！

1. 帮孩子选择角色扮演的素材

为这一年龄段孩子选择素材，应把握：篇章不宜过长，情节性较强，对话相对较多。比如《蚊子和狮子》这个故事，内容短小精悍，情节性和对话性较好，更重要的是寓意较深，能让孩子在扮演角色的同时学到知识。

一只蚊子嗡嗡嗡嗡地飞到狮子面前，鄙视地说："我不怕你，你并不比我强到哪里。你只会用爪子抓，用牙齿咬，女人同男人打架时也用这两招。我比你要厉害得多，你若是不信，我们就来比试比试。"狮子听后大怒，吼道："你这一只小小的蚊子，居然招惹我，让我一口把你吃了！"说着，狮子张开大口，蚊子毫不惧怕，冲上去专叮狮子脸上毛少的地方，狮子气得用爪子拼命挠，把脸都抓破了，伤痕累累，最后狼狈离开了。蚊子大获全胜，高兴地喊："我赢了狮子，我赢了狮子！"一边喊，一边在空中飞来飞去，不料却被蜘蛛网粘住。看着蜘蛛一步步逼近，蚊子悲叹道："我战胜了最强大的动物，却成为这小小的蜘蛛的美餐。"

2. 分析各角色的语言特点及性格

对角色进行分析，可以帮助孩子深入角色，把握故事主题，使孩子能根据角色特点说好台词。我们还是以《蚊子和狮子》故事为例，这个故事主题是骄傲是错误的，再怎么强大的人都会有"克星"，而击败过强者的人也可能被比自己弱的人打倒。了解了这一点后，就能更好地把握蚊子的各阶段心理——挑衅时的嚣张、打胜仗时的骄傲以及落网时的无奈。在说台词时可以灵活转变语气，发挥语言的魅力。

3. 一人分饰多角

根据素材中的角色多少，家长既可以和孩子分别扮演，也可以让孩子扮演多重角色，后者需要孩子在角色转换中不断调整表演，用符合角色特点的语气说台词，可以培养孩子的语言适应力，对口才训练起到事半功倍的作用。

演讲，让孩子成为小小演说家

孩子在看电视或者看活动时，身份是一名观众，会对表演者给予评价。但是，当他以一个演讲者的身份站在台上时，角色就完全扭转过来了，台下的观众会对他进行评判。想要观众能接受并支持自己，就需要孩子学会使用有声语言、姿态语言，将自己的看法、感情传达给观众，并与观众相互沟通、交流信息。而在这一过程中，他的语言表达能力将会得到锻炼，不仅让人信服，更为口才增添无限魅力。

别看潇潇平时话挺多，可是一到关键时候就怯场。小伙伴们讨论什么问题，让潇潇发言，他总是说得颠三倒四，眼睛还东瞅西瞅，看上去很心虚的样子，即使他的观点是正确的，小朋友们也不相信。

一次，妈妈陪潇潇看动画片，看到一个情节，潇潇情不自禁地说出自己的看法。妈妈很惊讶，不太敢相信地追问了一句，结果潇潇立刻就蔫了，说话结结巴巴的，还挥着双手，一副心虚的模样。妈妈对他说："潇潇，你刚才的观点是正确的，为什么不大大方方地说出来呢？"潇潇吭哧着不肯说话，半天才说："我不敢……我也不会说……以前说了，大家都不爱听。"

妈妈听后，给潇潇放了一段马丁·路德·金的最著名的演讲——《I Have a Dream》（我有一个梦想），演讲是用英文说的，潇潇根本听不懂，但他听得非常仔细，表情由郁闷变得激昂，小手也握成拳头。

听完后，妈妈问潇潇："看你的表情，你听明白他说的什么了？"潇潇摇摇头，妈妈又问："你不知道他说的是什么，为什么还会这么激昂呢？"潇潇想了想说："他的声音很好听，我虽然听不懂他说什么，可是却非常感动，心情很激动，就好像不管他说什么我都会相信。"妈妈说："这就是演讲的神奇之处，它会让你变得更自信，让口语表达更有说服力。"从这天起，潇潇在妈妈的指导下，开始练习演讲，一有时间，就会对着镜子说话，观察自己的动作和表情。经过一段时间的努力，潇潇虽然没有成为著名的“大演讲家”，可却成了小朋友心中的“小演讲者”。只要他一开口，大家都会津津有味地聆听，没有人再提出异议。这不，他还参加了幼儿园举办的演讲比赛，取得了第三名的好成绩。

面对儿子语言表达较差的情况，妈妈并没有听之任之，而是利用适当的引导，让潇潇明白自己的问题所在，最终通过演讲练习，让他从说话没有底气、说服力，变得口齿清楚、观点明确、让人信服，促进好口才的形成。

或许有的家长认为，孩子年龄还小，演讲训练对他们来说是一种负担。其实，孩子到了五六岁后，智力开始飞跃发展，他们喜欢把自己所看到、所听到的说给大人听。此时他们虽然只是进行简单的叙述，但已经是演讲的雏形了，对此我们不应制止，而是将这种简单叙述通过适当引导，使其发展成为有目的的培养口才的自觉行动。

孩子刚开始演讲时，可能讲得不那么流利，演讲范围局限性也比较大，我们可以让他利用生动有趣的故事，一边说一边发表观点，或者出一些简单的演讲题目，如“我爱妈妈”、“我最喜欢的玩具”、“我今天最高兴的事”等。接下来，不过，光有主题还不够，想要演讲能吸引、说服他人，还得掌握一些技巧。

1. 准备演讲稿

同一个演讲主题，从不同的角度来考虑，就会有不同的理解，因此演讲稿应当确定一个中心思想，这个中心思想一定不能老生常谈。比如“我喜欢的……”为主题，许多孩子可能选择“我喜欢的玩具”、“我喜欢的衣服”等以物品、人物作为喜欢对象。如果孩子能反其道而行，选择“我喜欢的一天”、“我喜欢的声音”等入手，这个相对新颖的主题一定会赢得观众的好评。

接下来，就要围绕这个中心思想选择素材。演讲的素材非常广泛，我们应挑选最典型、准确、新颖的，而且所有素材都要围绕演讲的主题和观点进行。

有了中心思想和素材后，接下来就需要将它们组合成一篇完整的演讲稿。为了避免内容冗长、离题偏题情况发生，内容安排要有主次之分，并且做到张弛有度。比如，如果演讲稿的议论内容较多，开场白以用轻松幽默的方式提出来，或主题议论中穿插一些奇闻异事、诗文警句等，使内容丰富多变，吸引观众注意。但这些还不足以引起演讲的高潮，高潮虽然是由观众的反应来体现的，但完全可以通过写作时的各种手法来进行引导。比如，排比的修辞手法能形成强烈的气势，淋漓尽致地表达出讲演者的感情；反问句、设问句则可以给观众留有思考的余地，激发他们的激情和想象。

2. 消除演讲前的恐惧、紧张不安

(1) 做好充分的准备

恐惧有时源于未知事物。如果孩子在上台演讲、朗诵或做其他表达时能够做好充分、精心的准备，比如熟悉内容，练习一下表情、动作，登台后就不会过分紧张，即使遇到某些意外状况也能很好地随机应变。不过，熟悉内容并不等于将稿件逐字逐句地背诵下来，背诵得越熟练，反而更容易遗忘；即使没有遗忘，在演讲时也只是机械地"吐字"，而不是发自内心的言辞。

(2) 将注意力远离消极暗示

在演讲之前，引导孩子将注意力尽量远离一些负面的暗示，如"我会不会忘词"、"我能比他说得好吗"，当孩子越是纠结这一类想法时，恐惧就越会慢慢在心底滋生。

(3) 帮助孩子调节呼吸

呼吸的作用不仅仅能为大脑提供氧气，令紧张的神经得以舒缓，它还能放慢心跳的节奏，消除杂念和干扰。如果孩子容易感到紧张、恐惧，在上场前先将双臂自然下垂，闭眼，将注意力集中在呼吸上，用鼻腔慢慢地做深呼吸。呼吸的同时，仔细听空气流入、流出时发出的微弱声音，然后用吸气的方式从一数到十。吸气时绷紧身体，并在头脑中反应出对应的数字；呼气时头脑中闪现"放松"，身体同时放松，直到感觉到镇静为止。这样一来，紧张和恐惧就不会再"干扰"到孩子了！

(4) 做一些嘴部练习

在紧张与恐惧的作用下,唇部周围的肌肉很容易失去控制,难免会影响到正常发言。在说话之前,不妨进行嘴部练习,方法很简单:先将嘴巴张大,然后缩小一些,交替发出“嗯”和“啊”的声音,如此重复数次,就能使唇部周围的肌肉得到放松,令表达更顺利,情绪自然会得到缓解。

(5) 让孩子用想象来放松

孩子的想象力是非常丰富的,很容易通过想象进入最放松的情境中。我们可以根据孩子的喜好,为他们挑选想象情境,比如温暖的沙滩上,幽静的公园里,涛声阵阵的海面上等。接着,让孩子想象,自己在这样美好的情境中,会有什么样的感觉。例如:我静静地趴在沙滩椅上,遮阳伞为我遮住了猛烈的阳光,透过来的光线温柔而暖和,令我无比舒服。与此同时,海风阵阵吹来,隐隐飘着一丝海腥味;海涛拍打着海岸,发出最动人的节奏。而我,就在这里,听着大海在唱歌……这种想象放松法每天多练习几次,想象越逼真越好,想象的节奏要逐渐变慢,配合自己的呼吸。以后,当孩子在社交场合感到紧张时,想一想自己熟悉的情境,就会慢慢变得放松了。

3. 把握好演讲的声音

声音对于整个演讲来说影响很大,但不是所有的孩子都有天生的好嗓音,这就需要我们花一点时间帮助孩子克服声音上的一些困难。

(1) 音质:不管音质是单薄还是洪亮,要符合两点——容易听懂和有抑扬顿挫,做到这两点,就能使音质方面的缺陷尽量被淡化。

(2) 音量:通常情况下,孩子听到的声音要比观众听到的要响一些,这就提醒我们不要以自己的感觉来调节音量,而是多观察观众的反应,如果他们表现出听不清楚时,这就意味着该大点声了。

(3) 语速:演讲不是说话比赛,不是比谁说得多,而是要和观众沟通,让观众听明白、信服,因此一定要控制好语速。一般来说,每分钟 150 字的速度较为适宜。在这个基础上,根据演讲内容的不同对语速进行酌加或酌减。例如,复杂或严肃的内容，语速放慢一些；重大、幽默、兴奋的内容，语速放快一些。

(4) 语调：灵活掌握音调的变化，会产生强烈的艺术效果，让观众能跟着孩子的演讲或开怀大笑、或悲伤同情、或鼓舞激昂……这里就需要轻重音的配合。如果孩子一时掌握不好，不妨在稿子的关键处标上记号："—"代表轻音，"."代表重音，"√"代表上扬，"\"代表下降，"/"代表停顿，"..."代表长音。

4. 与台下观众进行互动

互动对一名优秀的"小演讲师"十分重要。能够互动，意味着孩子从专注于个人讲话内容、局限于个人世界中解放出来，知道将台下的人一起带入自己的演讲内容中，更好地将自己的思想表达给听众，帮助他们了解演讲内容。想要达到这一点，就需要家长引导孩子掌握一些互动技巧。

如在演讲开始时孩子可以这么说："今天准备了非常丰富的内容，但由于时间有限，大家是想要听 1/3 的内容，1/2 的内容，还是全部的内容呢？"

在演讲中过程中，如果引用了大家都比较熟悉的名言警句，孩子可以只说一半，另一半让台下的观众回答——"近朱者________，近墨者________"停顿时间不要太长，以免台下观众没有及时接而造成冷场。如果没有人接，在停顿之后自己接下去说完，也可以起到强调作用。

在演讲告一段落后，孩子可以这么问："如果大家听懂了，就请回答我听懂了，可以吗？"、"如果你们不回答，我可能就会以为你们没有听懂，那么就会延误时间，所以请大家配合我一下……"

第七章　培养孩子的表达技巧

学会说话时配合身体语言

好口才固然需要有好的语言表达能力，但不可否认的是，身体语言能让交流更丰富，更有效。美国经典的动画片《猫和老鼠》大家都很熟悉吧，这可是不少孩子的“最爱”，动画片中汤姆和杰瑞每天打打闹闹，非常逗趣，孩子们看得更是哈哈大笑。这个动画片为什么这么有趣，答案很简单，除了对白外，角色的表情和动作等也是增分的项目。我们再来看看现实中的某个场景，在向对方叙述一件激动人心的事情时，是面无表情、静静地讲述，还是神采飞扬，手舞足蹈更让人兴奋呢？很显然，答案是后者。

小杰和小刚都是科学迷，最喜欢看科学类的故事，看完后两个人都喜欢讲给别人听。这不，小杰刚合上书，拉着小刚跑到小区里，寻找“听众”了。

“你们知道吗，什么是电光火球？”小杰说，看到小朋友们摇摇头，小杰又说到：“电光火球不是闪电，它是一个等离子团，发生在雷雨天，真是太可怕了。”让他没想到的是，听到他的介绍，小听众们并没有表现得很惊讶。见此状，小杰有点急了，他一会挠挠头，一会急得乱挥手，可是小朋友们还是没有领会他的“苦心”。

这时小刚帮他解围了：“小杰说的没错，电光火球真的很厉害。”说到这儿，小刚的表情变得很神秘，指着对面的小朋友说：“你们知道吗，电光火球有的只有几厘米大(他同时用拇指和食指比划出一个圆形)，有的直径却达到几米大(他用双手在身前画了一个大圈)。”小伙伴们被他的比划惊住了，连连发生感叹声。

小刚此时又皱着眉，摇着头，一手在胸前摆了几下说：“不管是大的还是小的，威力都很大。”小朋友们被小刚的表情“吓到”了，一个小男孩怯生生地问：“为什么这么说呢？”小刚用食指上下指着前方，眼睛瞪得很大，说："你想啊，电光火球，它既有电又有火，被电击这么一下(他做出被电击的动作，表情很痛苦)，又被火这么一烧(又做出伸手挡火的动作，表情很痛苦)，谁能受得了……"小朋友们听得津津有味，被小刚这么一说，也忍不住摸摸自己的身体，接着又催小刚继续说下去。

说话的内容是同一个对象，大家都对小刚讲的很感兴趣，对小杰讲的却兴趣不大。难道是小杰说话不顺畅或口齿不清楚？当然不是，小杰发音很标准，声音响亮，不存在说话含糊的问题。那为什么他没有赢得"听众"的青睐呢？其实，原因就是小刚比小杰多下了一点功夫。他在讲述时运用了丰富的表情和肢体动作。比如，在形容电光火球的外表及威力时，他用手比划了大小，用表情和动作表示了人可能遭受到的痛苦，让小听众们对其有了一个直观的认识，在后面听到电光火球的威力时产生共鸣。小杰呢，只是单纯叙述电光火球的知识，缺乏趣味性，自然引不起小听众的兴趣了。

很明显，正是运用了表情、动作等身体语言，使小刚的叙述更受大家欢迎。身体语言就是有如此大的魔力，掌握这些"语言"的技巧，会为语言表达增色不少。

1. 目光的运用

眼睛是心灵的窗户，把眼神运用好了可以"拢住"观众的心，让语言表达得更好。

(1) 前视法：视线平直向前并稍向上一点，中轴线设在中间观众处，以弧形照顾两旁，视线点最终落在后排观众的头部位置。

(2) 环视法：将目光缓慢地以弧形的轨道从左扫到右，再反方向扫过来，多用于场面较大或演讲开始时。

(3) 点视法：找一个好的位置，将目光大胆地集中于一点，并将感情融入目光中，这一方法可令观众接受演讲内容，并在产生疑问或不良反应时起到制止作用。

(4) 虚视法：即似看非看，这种方法可减轻孩子的心理压力。

2. 表情的运用

相对于眼神，表情给观众带来的感受会更直观一些。比如，自信的表情会增加观众的信服感，激动、激昂的表情能令观众受到鼓舞，沉重、凝重的表情令观众感到压力，喜悦的表情会令观众非常开心……这些表情增强了说话的感染力。孩子日常生活中，可以通过表情配合言语左右他人的情绪。

在这里，我们要特别强调一下微笑的运用。微笑是通用的语言，我们可以拒绝与人交谈，但无法拒绝他人的微笑。微笑就像是阳光，能融化人与人之间的坚冰。除了悲伤的场合外，如果孩子拿不准该用什么表情与人交谈，用微笑准没错。

3. 手势的运用

在说话时，恰到好处的运用手势可升华语言的感情，下面这几种手势是比较常用的。

(1) 仰手：手心向上，拇指张开，其余四指略微屈曲，多用于表希望、赞美、欢乐等。

(2) 竖拇指：将大拇指竖起，其余四指握拳，多用于表赞美、肯定、第一等。

(3) 手切：五指并拢，掌指伸直，像用刀切一样向斜下方劈下，多用于表坚决、果断等。

(4) 抚胸：五指自然并拢，双手一上一下放在胸前，多表感慨、回忆等。

(5) 双手托起：双手掌心向上，五指张开，其余四指略微屈曲，多用于表肯定、赞美等，可用在演讲结尾处。

无论是哪一种手势，在运用时都不要将手臂伸得过直，以免显得动作僵硬。同时，手势一定要配合说话内容，比如在形容物体大小或程度时，都可以配合手势来说明，但手势与说话一定要同步，提前或滞后都会削弱手势效果，弄巧成拙。

教孩子学会运用赞美的词语

赞美可不是“说好话”那么简单，事实上，它也需要一种良好的表达方式传达给被赞美的人。如果不掌握一定的技巧，即使你的赞美是发自内心的，也未必能收到好的效果。由此可见，会赞美也是会表达的表现之一。

案例

美国"成人教育之父"卡耐基非常擅长赞美他人。有一次,他到邮局寄挂号信,邮局的人很多,忙成一片。卡耐基注意到,负责挂号的工作人员面露愠色,处理事务也显得心不在焉。卡耐基告诉自己:"平时他不是这样的态度,或许是遇到什么不愉快的事情,又或者总是单调重复相同的工作。不管怎么样,我必须说一些让他高兴的话,但首先我得先看看他有什么真的值得我赞美。"

卡耐基仔细观察后,想到自己应该说些什么。过了几分钟,轮到卡耐基了,工作人员不耐烦地等待卡耐基说出业务要求。没想到听到的却是:"我真的很希望有和您一样的头发。"工作人员愣了一下,有点羞涩地说:"是吗?它不像以前那么好看了。"说着摸摸头发。

卡耐基笑着说:"我想你的头发以前更有光泽一些,不过现在也很好看。”工作人员听了之后，表情变得舒缓起来，显得很高兴，两人愉快地交谈起来。最后他谦虚地承认“很多人都夸我的头发”。

事后，卡耐基说：“我敢打赌，在这一天余下的时间，这位工作人员的心情一定很好，并且会和他的太太提到这件事。我还敢打赌，他一定对着镜子说：这的确是一头美丽的头发。想到这些，我也为他感到高兴。”

邮局工作人员的心情由“阴”转“晴”，全靠了卡耐基恰到好处的赞美。卡耐基先是指出工作人员一个显而易见的优点——头发，接着在对方说出自己头发问题时以退为进，适当地表示赞同，但又再次对他的头发进行了肯定，他这种以退为进的赞美方式，令对方感受到他的诚意，从而接受了他的赞美。

显而易见，正是卡耐基的会说话，才让赞美收获到好的效果。好口才令赞美如同春风拂面，令听者从中汲取力量，变得更加自信、饱满、善解人意。而在赞美他人的同时，孩子的内心也会受到鼓舞和感染，进而完善自己。而要达到这一切，就必须懂得赞美的技巧。

1. 赞美要实事求是

过分夸大或使用过多虚假词汇的赞美，只会令人觉得虚伪、不舒服，甚至产生“自己愧对赞美”的感觉，进而对赞美者心生恶感。我们说，赞美无论大小都要符合实际。比如，见到一位其貌不扬的人，却偏要夸她“漂亮”、“美貌”，可想而知对方心里会多么不舒服，认为你在讽刺她。但是，如果她的服饰、谈吐很好，对这些进行真诚赞美，她一定会高兴地接受。

2. 赞美要态度诚恳

态度诚恳意味着赞美一定要发自内心，比如同样是夸奖一个人学识好，两种方法所收获的效果就完全不一样。第一种：“久仰大名，小弟才疏学浅，请多关照。听说你文采很好，今日一见果然名不虚传。”；第二种：“早就听人提起过你，说你文章写得好，讲课也受学生欢迎，我还说想找你好好‘切磋切磋’呢！”很明显，后者比前者更受人欢迎，它语出内心，听起来更真诚，从而引起被赞美者的共鸣。

3. 赞美措词要恰当

同样是赞美一个人学习好，分寸如果没有掌握好，也会收到不同效果。例如，赞美孩子，可以说："这个孩子真是懂事、听话，将来一定有出息。"这句赞美中，措词就比较有分寸，用"懂事"、"听话"、"有出息"进行"点题"，既说出孩子的优点，同时也显得比较含蓄。相反，如果说"这个孩子简直聪明，真是一个天才，长大后一定会有大出息，一定会出人头地"就显得夸大了，说话不给人留余地，根本不能使被赞美方信服。

4. 赞美的语言要具体

赞美要是落到小处、细节，往往更能令人感动，这种赞美表达方式说明，你对对方的长处非常了解，并且很看重，从而拉近二者之间的距离。比如，如果一个大人逗引孩子："阿姨好不好？"此时孩子如果不是泛泛地说"好"、"不错"等话语，而是运用具体语言，如"阿姨做饭好吃"、"阿姨悉心照顾我了"、"阿姨替妈妈接我回家"等，会使被赞美的人觉得——"孩子把这些事情都记在心里，真是太有心了"。

5. 巧用间接赞美

赞美分直接赞美与间接赞美两种。一般来说，晚辈对长辈、年轻对年长，更适用于间接赞美。这是因为，对于比自己年龄大或辈分高的人，直接赞美的话，说得不当可能使赞美之词沦为奉承或讨好他人的工具。如果担心孩子无法立刻掌握赞美的技巧，不妨采用间接赞美的方式。使用间接赞美的方式，无论使用怎样的溢美之词，都不会显得露骨与肉麻，又能让对方更好地领会到孩子的"良苦用心"。

(1) 借用第三者之口："第三方"给我们的感觉通常是比较公正的，通过第三方之口说出赞美之词，就变得委婉很多。被赞美方认为赞美方是出于真诚的，是发自内心说他的好话，才会领情并感激。家长可以起到榜样作用，比如，爸爸对孩子说："你的小伙伴妞妞真不错，帮助你做手工。"然后引导孩子将这句赞美转述给妞妞，最后向孩子询问妞妞的反应，并提醒他："你看你把爸爸的赞美告诉妞妞，妞妞是不是更高兴呢?”

(2) 抓住被赞美方的闪光点:赞美一个人,是要赞美他的优点。但是对于比较明显的优点,被赞美方早就习以为常,甚至有可能对赞美感到厌烦。这时,我们要引导孩子找出对方身上隐藏的、不太显眼的,甚至连他自己也未曾发现的优点。比如,赞美爸爸,妈妈可以有意无意在孩子面前夸奖爸爸的优点——“爸爸的手真巧,第一次安装家具就很成功”、“没想到爸爸居然一下子就猜出谜语了,真棒”……找到了“闪光点”所在,才不会使赞美之词如同“投水之石”一般悄然无息。与此同时,被赞美方也会因为孩子的赞美,增加对自己的认识,对孩子也更加器重了。

让孩子学会“批评”的技巧

一提到批评,很多人就联想到声色俱厉,认为只有这样才算是批评,但这种批评非但收不到预期效果,有时还会适得其反。其实,良药并非一定苦口,批评也不一定严厉,说出对方的错误,并让对方心服口服地接受,才是批评的真谛,这也正是人们将批评归为口才艺术的原因。

我国著名教育家陶行知先生，在担任育才学校校长时遇到这样一件事情。一天，他看到一个男同学正用砖头砸同学，立刻制止了，并让他过一会去办公室。随后，陶行知先生向其他同学了解了事情有关情况。他回到办公室后，对打人的男同学说："这块糖果是奖励给你的，你比我先到办公室，没有让我等。"接着，他又递给男同学一块糖，说："我让你住手，你没有再打，说明你很尊重我，所以我还要将给你一块糖。"男同学接下糖果后，陶行知又递给他第三块糖："我刚才了解了一下，你打人是因为他欺负女同学，这块糖是奖励你的正义感。"说到这儿，男同学惭愧地低下头，说："校长，我错了，我不该用打人这种方式解决问题。"陶行知笑着递给他第四块糖："这块糖是奖励你主动认错。好啦，我的糖发完了，咱们的谈话也该结束了。"

在这次谈话中，陶行知自始自终都没有说过一句严厉的话，而是从正面角度将事情经过总结了一遍，帮助犯错的学生重新梳理了思路，使其认识到自己行为的不妥之处，自觉地接受批评，改正错误，达到了与批评教育一样的目的，这才是批评的最高境界。

别以为孩子只是接受批评的一方，与批评他人"无缘"。事实上，孩子可以批评的对象很多，同龄人、比自己年龄小的人甚至是长辈，只要犯了错误，孩子都可以指出来。不过，在面对批评时，不同人的反应是不一样的，有的人比较敏感，感情脆弱，被批评后就会非常沮丧，甚至一蹶不振；有的人爱面子，被批评后就会火冒三丈，大发雷霆，特别是长辈，如果被比自己小得多的孩子批评，还有可能恼羞成怒。为此，我们应当让孩子知道，批评与赞美一样要讲艺术——语言艺术，也就是说，为了使批评中肯贴切，有必要包装一下自己的批评。

1. 对比比喻

黑白鲜明的对比，会产生出人意料的效果。比如，当孩子和小朋友合作完成一件事，对方总是出错，这时孩子可以这么说："你今天穿的衣服真好看，非常适合你。"这时对方会表现得很高兴，孩子继续说："不过你也不要骄傲呀，从现在起你要稍微注意一下。我相信，你做事也能和你的衣服一样漂亮。"这种犹抱琵琶半遮面的批评，能够使对方自觉地将做事与形象联系到一起，以后再合作时都会认真对待。

2. 正话反着说

"将欲取之，必先予之"，在批评时使用正话反说的方式，反而可以突出批评的内容，让对方在最短时间内意识到自己的问题。比如，爸爸原本决心戒烟，结果又偷偷抽上了，孩子可以这么批评："爸爸，我给你讲讲吸烟的好处。第一个好处就是防小偷，你想啊，你老是抽烟，嗓子就不好，晚上总是咳嗽，小偷听到咳嗽声就不敢来了。第二个好处驱蚊虫，抽烟身上味道很难闻，血也会变味，蚊子和苍蝇肯定都躲着您……"孩子这番诙谐的反语一一道破了抽烟的坏处，相信爸爸一定会明白孩子的良苦用心。

3. 借己道人

如果批评对象是同龄人或比自己小的人，可适当"暴露"自己的过错，用自己的亲身经历让对方知道某种做法是错误的。比如，对方犯错后，孩子可以说："你比我强多了，我以前也和你一样犯了相同的错，却没有意识到，现在想想真是太不好意思了。你比我懂事，勇敢，如果少犯一些错误的话，是不是会更好一些呢?"这种"自我认错"的批评方式，会令对方产生认同感，对批评自然会接受了。

4. 绵里藏针

这种批评方式关键是朦胧、含蓄。比如，对方扔纸团扔到外面，并且没有拾起来的意思，孩子可以说："你扔纸团的动作真好看，纸团轻飘飘地'飞舞'着，像蝴蝶一样。不过，如果让纸团飞舞后直接回到'家'里就好了。"这一番话，没有一句批评之语，却完整地表达出批评之意，使人警醒。

5. 抛出问题

有些时候，问题明明很明显，可是"当局者迷"，思考时往往会走入死胡同，提问在这时就起到指南针的作用。比如，对方看完书后，不把书放回书柜里，就摆在一旁，孩子可以这么说："唉，有件事情我始终想不通……"对方问："什么事情？"孩子这时皱着眉说："你说，是先有书柜，还是先放上书，然后再打造书柜的呢？"这个看起来比较绕，却可以让对方在思考中弄清楚自己的问题所在，并意识到没有把书放回原位，是不对的，没有任何理由辩解。以后再遇到相同或相似的情况，就能主动寻找解决问题，而不是"一走了之"。

教孩子成功"说服"别人

说服是一种十分重要的语言艺术，更是会表达所必须掌握的一种技巧。当你希望别人能满足你某个要求时，当你希望别人能听你的劝告或接受你的观点时……要做的就是说服别人。

为什么有的人一开口就能抓住对方注意力，悄无声息地突破对方的心理防线，而有的人只能得到随声附和却毫无实质帮助，或反其道行事？这是因为在面对说服时，每个人或多或少都会有一些逆反心理，所以说服绝不仅仅是单纯地向他人“推销”自己的想法或观点，而是运用语言艺术，让对方感动、高兴、惊喜、释怀……从而产生共鸣，最终达到说服的目的。

战国时期，燕国与赵国因边界归属发生冲突，赵国便决定向燕国出兵。战国时纵横家苏代当时是燕国的一个官员，听到这一消息后请燕国派他出使赵国，劝说赵惠王放弃出兵。

苏代来到赵国，见到赵惠王，并没有提两国矛盾，而是先向赵王表达了自己的敬意，转而说：“大王，我在来贵国的途中看见一件有趣的事，不知大王是否有兴趣听？”

赵惠王不知苏代葫芦里卖的什么药，笑了笑说：“如果连先生都觉得有趣，本王倒有兴趣听一听。”

苏代说：“我经过易水边，见有一只大蚌在沙滩上在晒太阳，两侧的蚌壳缓缓地张开。正当它晒得舒服的时候，一只鹬鸟在一旁伺机偷窥，找准机会想用嘴巴啄蚌肉，没想到，大蚌反应很快，立刻合紧蚌壳，一下子就把鹬鸟的长嘴卡住了。鹬鸟怎么用力向外拔，大蚌都不松开。鹬鸟索性不拔了，生气地对大蚌说：‘你早晚会因为缺水而死，到时候我就能出来了。’大蚌也毫不示弱，说道：‘我就是不松开，让你先饿死！’就这样，大蚌与鹬一直僵持着，正在这个时候来了个渔夫，他见鹬鸟与大蚌谁也动弹不得，连称自己‘得了个大便宜’，然后把它们都捆起来，放在了自己的鱼篓里。”

赵惠王好奇地问：“先生，你真是博学多才，连动物的话都能听懂。”

苏代没有接赵惠王的话，而是马上将话题一转，意味深长地叹了口气说:“大王呀,现在贵国与燕国就好像是鹬鸟与大蚌,我担心两国继续这么僵持下去,就会让秦国坐收渔翁之利,大王可要三思啊。”

听到这里,燕王才明白苏代讲这个故事的意图,他思考了一会,答应会认真考虑一下。最终,赵国放弃了进攻燕国的打算。

苏代最终能化两国干戈于玉帛,靠的是他高超的说服技巧。原本赵惠王攻打燕国的决心很大,如果苏代一上来就游说,势必会引起他的戒心及反感。于是苏代采取了迂回作战的方法,在闲聊中,借助比喻、类比等方式,将两国关系和形势用“鹬蚌相争”的故事表现出来,点出自己说故事的真正用意,解除了赵惠王的戒备心,并使赵惠王在不知不觉间听取了自己的主张和观点。

苏代之所以能运用故事说服赵惠王,是因为找准了突破口。苏代在来赵国之前,早已做好调查。他明白,与边境问题相比,赵惠王更重视秦国的举动,因此他在故事的最后将矛头指向了秦国,代替赵惠王将心里的担忧说出来,又为他提供了一个防患于未然的方法。而在赵惠王看来,苏代是从他自己的角度出发,满足了自己的需求,所以才会被苏代说服,信任他,并接受他的意见。所以,我们在说服他人时,也要通过细心观察谈话对象的语言、神情等,了解对方的兴趣点,并将此作为薄弱点一举攻下。

当然,故事只是说服他人的一种方法,作为一个说服高手,我们还应当帮助孩子掌握更多的口才技巧。

1. 激将法

激将法是一种很有力的口才技巧,它是利用别人的自尊心和逆反心理,用刺激性或反话鼓动对方做某事,从而得到不同寻常的说服效果。《三国演义》第四十三回中,诸葛亮就利用激将法——“当年的田横,不过是齐国的一名壮士罢了,尚能笃守节义,不受侮辱,更何况身为王室之胄、英才盖世、众士仰慕的刘豫州。事业不成,这是天意,又岂能屈处人下”,激起孙权对曹操的反抗情绪,坚定了他抗曹决心。在使用激将法时,一定要提前了解对方,并且要掌握分寸,避免使用不友好的语言,以免“激将”不成反遭“怒目”。

2. 幽默法

幽默是生活的调味剂,也是人际交往中的润滑剂。当两人之间发生争执,气氛紧张时,说服的人如果能来点幽默,有时候就可能消除分歧,找到共同点,最后化干戈为玉帛。美国总统里根上台后,想让国会议员斯托克曼担任联邦政府的管理与预算局局长,可是斯托克曼多次在公开辩论中抨击里根的经济政策,一定不会答应里根的要求。里根想了一个办法,他给斯托克曼打电话,“怒气冲冲”地说:“戴维,自从你在辩论中抨击我后,我一直想找个机会和你好好算算这笔账,现在我终于找到了,我要派你去管理与预算局工作。”斯托克曼听后不由得大笑起来。就这样,一个幽默的电话打破了两人之间的僵局,也让里根成功说服斯托克曼上任。由此可见,幽默的说服比一味的说教更有效。

在使用幽默的说服技巧时,一定要避免在开头说“让我来给大家讲个小笑话”、“下面这个笑话大家一定喜欢听”等。幽默应当是隐藏在说服之中的,如果单独将它“提”出来,可能会令对方期望值升高,或者令注意力分散,影响说服力度。

3. 比喻法

在所有能增强语言表现力的方法中,比喻可谓是佼佼者。通过抓住事物间的相似性,深层挖掘事物的本质,从而能使孩子更好地表达自己的想法,令说服力度大大增强。一个老师在说服学生不要早恋时,就采用了比喻法。她问学生,不亲口尝尝永远不知道李子的味道,可是李子还小时就摘下来吃,是什么味道?学生回答是又酸又涩的。老师又问,那李子长成熟了呢?学生回答是甜的。老师借着这个说:“那我们为什么不等到李子成熟了再享受呢?”老师将早恋比作未成熟的李子,深入浅出地阐明了道理,很容易为孩子所接受。

在使用比喻法时,应选择最易懂的词语,且所举的例子与比喻的事物间不完全一样,又必须具备强烈的类似性,如果看不到类似性,不管比喻得多精彩也无法说服对方。

4. 以退为进法

有的运动项目，运动员在做出动作前都会先退几步，这样是为了蓄势，使力量能在瞬间爆发。同样，我们在说服他人时，如果先采用“退一步”方法，可以避免激起对方的逆反心理，让对方接受你。比如，孩子想让爸爸带自己出去玩，可是爸爸犯懒不愿出门，这时孩子可以这样说：“现在天气热，所以爸爸才不想出门，等太阳下山了，爸爸再带我出去玩吧？”爸爸不会承认自己懒，自然会顺势同意孩子的看法，并为孩子的体贴而感动，不用等多长时间便主动带孩子出去了。

当然，“退一步”并不是放弃道理，而是“以退为进”，从另一个更有利于对方的角度“入手”，这样既达到了说服的目的，又能令对方感到高兴。

5. 博取同情法

同情弱者是人的天性，孩子就属于弱势群体，如果想要说服比自己强大的对手，不妨使用这种争取同情的技巧。比如，孩子迷路后，遇到一个大人，希望他能送自己回家，可以这么说：“叔叔是个好人，年龄和我爸爸一样，唉，我迷路了爸爸该多着急啊……”一句“叔叔”和“爸爸着急”一下子就拉近两个人的年龄距离，让大人意识到自己也有这么一个年纪的孩子，如果自己的孩子丢了该多难受，从而萌发了同情的种子。孩子又不失时机地给他戴上一顶“好人”的帽子，又进一步强化了他的同情心理。

但要注意的是，博取他人同情，并不是说利用同情来满足私欲，不能损害对方的利益，否则孩子就可能养成自私自利、虚伪待人的坏习惯。

教孩子学会婉转地说出不同意见

孩子在与别人讨论问题或商量事情时，难免会有不同意见和观点，想要双方有良好沟通，就需要让对方了解自己的不同意见。每个人都有强烈的自尊心，如果表达意见用错了方法，很可能让对方丢面子，得罪人。为了避免“童言无忌”的情况发生，我们应当帮助孩子学会如何委婉表达不同意见，这也是提高孩子口才

和应变能力的必经之路。

苗苗说话一向很直接，只要她有不同意见，就会毫不客气地说出来。被说的人虽然心里很不舒服，但看在她是个孩子的分上，都不太与她计较。

这天，苗苗的小表弟邵文来家里做客。邵文是个小胖墩，平时最喜欢吃油炸食品和甜食。他和苗苗玩游戏时发现电视里出现某快餐的广告，立刻把玩具放下，指着电视说："我最喜欢吃这里的食物，真是太好吃了！"苗苗不以为然地说："都是油炸的，有什么好吃的，你还是少吃一点吧。"邵文听到表姐"批评"自己的爱好，立刻不高兴了："我就是喜欢吃，你管我呢！"

这下子，可把苗苗惹火了，她腾地一下站起来，指着电视说："垃圾食品就是不好，你还总喝饮料，怪不得那么胖……"话还没说完，邵文就哇哇大哭起来，苗苗不服气地嘟囔着什么。

晚上，表弟一家走了后，爸爸将苗苗拉到一旁，对她说："苗苗，你是不是觉得邵文的看法不对，所以想告诉他你的意见？"

见苗苗点点头，爸爸又说："那么你说出不同意见的目的是什么？是希望他能采纳你的意见，还是听到你的话讨厌你？"

苗苗说："我只是说出自己的意见，如果他能接受就更好了。"

爸爸说："可是你的话真的很伤邵文的心，你想，如果有人这么对你说，你是不是会很难受呢？"苗苗不说话了，爸爸又说："你看，爸爸现在就是在表达自己的意见，如果我这么说'你太不像话了，说话这么伤人'，你会是什么感受呢？"

"那我该怎么说呢？"苗苗困惑地问道。

"你可以这么说：'吃油炸食品、喝饮料容易发胖，对身体不好，还影响你长高，我现在都不吃了，咱们一起长成大高个吧！'"爸爸说，"你看，这样表达意见，是不是更好呢？"

过了几周，小表弟邵文又来苗苗家做客，电视上又播放快餐广告，邵文怯生生地看了表姐一眼没说话，苗苗笑着对他说："告诉你一个秘密，其实我以前也挺爱吃的，但是个子都不长了，所以我觉得吧，老吃这些东西对身体不好，是吧？"邵文挠挠头，像个小大人似地说："苗苗姐姐，你的意见没错，我会好好考虑的。"

第一次，苗苗说出自己意见时比较粗暴直接，结果表弟非但没有听进去，还因为感情上受伤害而哇哇大哭。在爸爸的引导下，苗苗第二次采取了比较委婉的说法，虽然小表弟并没有当场下决心"戒掉"不健康的快餐，但明确表示愿意"考虑"苗苗的意见。由此可见，与直接或粗暴的语言相比，委婉语言更能赢得对方的理解，特别是想要表达不同意见时，更应尽量避免直言。

那么，孩子如何掌握这一口才技巧，既能将自己的意见表达清楚，又不会伤害到对方的感情,产生抵触情绪呢?首先我们先要了解委婉表达应注意的几点:说话时要诚信,一定要尊重对方,避免使用带命令或强制性的字眼;表达意见时不要过于饶舌,把自己的意思传达清楚就行了;如果需要肯定自己,不能使用否定对方的方式。在了解这些基本要点后,我们就可以带着孩子开始“实战演习”啦。

1. 先赞同,再提出不同意见

这种方法又被称为“两分法”,当对方提出的意见中有合理的地方,或者与自己的意见有相同的部分,那么最好先着重强调这一部分,而不是从分歧最严重的地方入手。比如,孩子和小伙伴们一起讨论玩什么游戏,其他小朋友希望在小区外的空地处踢球,他也想踢球,可是不希望在小区外踢球,这太危险了。这时,孩子可以这么说:“在空地上踢球肯定很有趣,我举双手赞成。不过,小区外车太多了,咱们可能玩不好,要不去小区广场上踢怎么样?那地方也挺大的。”这样说显得比较公正客观,如果情况允许,还要不断地强调:大家都是为了同一个目标,只是方法不一样而已,这种说辞有利于将对方“笼络”住。

2. 给对方留台阶

当你的意见是正确的,而且可以预感到对方可能会接受时,在否定对方意见,提出自己不同意见时,就要给对方留一个台阶,这是一种补救措施,可以让对方保住面子,不会因为维持自尊心而过于抵触了。孩子可以这么说:“我倒有其他想法,或许不对,我说出来你听听,要是弄错了,你帮我看看问题出在哪里”、“你那时还不太了解,所以可能会那样认为”、“我原先和你的想法是一样的,但后来知道了,就改变了原来的想法”……

3. 换位表达不同意见

如果对方提出自己的意见后,主动征求孩子的意见,而孩子的看法与之截然不同,可使用换位表达。这种意见表达方式能使人感觉孩子是站在对方的立场上,为对方着想,说服性更强一些。孩子可以这么说:“换了我的话,我可能会这么做……”、“如果我是你,我将……”

4. 表示出为难或不好意思

如果孩子的意见与对方的差异太大，在说出口前，不妨先表现出为难或不好意思的态度，同时说话吞吞吐吐，比如“有些话也不知该不该说……”、“我的意见不一定对，说错了不要生气……”这种态度实际上是一种退让，不仅会让对方能做好心理准备，还可给对方一种宽慰，心理上更平衡一些，即使孩子提出反对意见也不会有激烈反应。当对方主动劝说：“有什么不同意见就说出来，不用怕。”这时孩子就可以直接说出自己的意见：“你(您)既然这么说，那我就不客气了……”当然，“不客气”并不是真的肆无忌惮地说出意见，在言辞中还是要进行斟酌，避免可能伤害到对方的字眼。

5. 分析利弊，引导对方否定自己的意见

如对方的意见确实存在弊端，又不便直接提出来，孩子就可以通过分析、推断等方式，让对方意识到，如果按照对方的意见行事可能会出现什么不良后果。一定要注意，要引导对方去否定自己，而不是孩子替他说出来。当对方意识到自己的问题后，孩子再提出意见，被接受的把握就大了。

6. 借助他人(事)的观点和做法

如果孩子面对的是比自己年长或辈分高的人，不方便直接说出自己的意见，可以借助同类型的事例或其他人的观点和做法来代替自己的意见。所选取的事例一定是对方熟悉或明确了解、肯定的，而“他人”在身份等方面要和对方等同或更高一些。

教孩子学会礼貌地说“不”

人际交往是一个复杂的过程，在很多情况下，“是”这个词并不总是适用的，要知道，我们不是超人，在遇到某些事时如果做不到或者认为没有必要去做，就需要向对方说“不”。说“不”的目的并不是为了破坏人与人的关系，而是要让对方高高兴兴地接受“不”字，避免可能出现的僵局，这就需要孩子学会运用语言技巧，借助

表达能力来赢得对方的体谅。

罗斯恰尔斯是一名犹太人，他在耶路撒冷开了一家酒吧。酒吧的面积虽然只有30平方米，可是远近闻名，每天不仅挤满了当地人，很多游人也慕名前来。

有一天，罗斯恰尔斯接到一个电话，打电话的人向他提出包下酒吧，谢绝其他顾客的要求。罗斯恰尔斯说："无论是作为顾客还是朋友，我都非常欢迎你们，正因为如此我更不能谢绝其他人来酒吧。"

打电话的人犹豫了一会，接着说："我是出访中东的美国国务卿基辛格，别人向我推荐了您这家酒吧，我十分感兴趣，希望您能考虑一下我的要求。"

罗斯恰尔斯礼貌地回道："先生，您愿意光临本店，我深感荣幸，我想其他顾客也一定很想和您见面。"

听了老板的话，基辛格最终放弃了包场的打算，像普通顾客一样，只预定了一桌。

罗斯恰尔斯面对基辛格的显赫地位，既没有奴颜卑屈迎合，也没有强硬地拒绝，而是不留痕迹地告诉基辛格，在他的酒吧里，所有的顾客对他来说都是平等的，希望基辛格能暂时抛开美国国务卿的身份，公平对待其他人。

罗斯恰尔斯的拒绝非常到位，既打消了基辛格"不合理"的念头，又保全了他的面子。生活中，我们的孩子也会遇到相同或类似的问题，但大多由于缺乏拒绝人的习惯和经验，在该说"不"的时候只能硬着头皮答应。这种做法看似问题不大，实际上隐患很大。例如，孩子不会拒绝，就可能被别人利用做一些不好的事情；或者因为不会拒绝，一味隐忍，最后终于爆发。因此，我们不仅要从小培养孩子"拒绝"的意识，更要教给他"拒绝"的技巧，使他们最终掌握处事技巧，这也是口才训练要达到的目的之一。

1. 直接拒绝

如果对方提出的要求很明显做不到，或者无法找出其他借口，这个时候最好将拒绝的意思当场说明，如"我想我无法满足您的要求"、"您的好意我心领了"。尽管拒绝要直接一些，但还是要避免生硬的态度，要面带微笑，认真地将拒绝的原因讲明白。如果对方是要给予孩子什么，别忘了向他表达谢意。

2. 婉言拒绝

并不是所有的场合都适合用直接拒绝的方法，有时候为了照顾提要求人的情绪，顾全他的面子，最好用温和委婉的语言来表达拒绝，它更容易被人接受。

(1) 用幽默的方式拒绝：用幽默的方式拒绝，可以令对方在笑声中冲淡因被拒绝而产生的失望感。意大利音乐家罗西尼在拒绝朋友为他立一座纪念碑时，是这样拒绝的："浪费钱财！给我这笔钱，我自己站在那里好了！"罗西尼既点出朋友为他做出的牺牲——花费金钱，又用一个不切实际的想法含蓄地谢绝了朋友的好意，使他的拒绝不但不生硬，反而富有人情味。

(2) 借他人找一个合理的借口:这种拒绝方法实际上是将对方的一部分注意力转移到第三方身上,比较适合不方便说出真实的拒绝原因,又找不到其他可信的理由。比如,孩子想要拒绝小伙伴去公园的邀请,可以这么说:“太可惜了,爸爸妈妈上星期就计划好要去×××地方,要不然我一定和你一起去公园。其实我也想去公园玩,可是爸爸妈妈肯定不会取消计划的。下次我一定提前和爸爸妈妈说,咱们一起去公园!”在这个借口中,孩子将爸爸妈妈作为“挡箭牌”,又不失时机地表明自己其实也想去公园,只是客观条件不允许,从而让对方将心比心,能欣然接受了拒绝,又不会因为被拒绝而感到尴尬。

(3) 将错就错地拒绝:如果对方提出的要求比较荒谬,而孩子又不方便直接拒绝,不妨利用将错就错的否定方法,即在对方荒谬要求之上,引出一个更为荒谬的结论,诱导对方自己否定自己的观点,将拒绝的接力棒转交给他。

3. 沉默拒绝

当对方提出的要求比较棘手,甚至带有挑衅、侮辱意味,这时不妨引导孩子中止说话,静观其变。这种方法常会给对方在心理上造成较强的威慑力,令对方知难而退。

4. 回避拒绝

如果对方提出过分要求后,用沉默拒绝的效果不佳,或担心伤到人,可以尝试避实就虚的回避拒绝。也就是说,在面对请求时,既不明确说“是”,也不说“不”,而是转而谈论其他事情。

不管是哪种拒绝方式,都要注意一点:不要在别人刚开口时就断然拒绝,这样做只会令人觉得你不通情理。即使有心拒绝,也要认真倾听完别人的话,弄清对方的要求和理由,再选择合适的拒绝方式。

教孩子懂得“道歉”的技巧

“人非圣贤,孰能无过”,特别是人生经验较少的孩子,平常生活中,在与人交

往时难免会说错话，做错事。当孩子因为自己的过错给他人带来损害时，道歉是解决矛盾的唯一途径。但是，有时候在各种条件作用下，仅仅靠一句“对不起”并不能完全化解矛盾，这就需要我们帮助孩子充分运用表达技巧，找到更有效的道歉方法，使自己脱离困窘的同时，也让对方真正感受到孩子的诚意。

美国第一任总统华盛顿曾经与一名官员就选举问题发生了激烈的争论。华盛顿在激动之余说出一些冒犯言辞，这名官员大发雷霆，将华盛顿一拳打倒在地，愤然离去。华盛顿的部下闻讯赶来，想为自己的长官报仇，出人意料的是，华盛顿并没有趁机泄愤，而是将他们劝回营地。第二天，华盛顿派人给打人的官员送去一张纸条，并要求他尽快去一家小酒店与自己见面。这名官员做好了决斗的准备，如约到来，令他感到惊奇的是，摆在他面前的不是手枪，而是两个倒满酒的酒杯。

华盛顿对他说：“先生，犯错是人之常情，而尽快纠正错误是件光荣的事情。我知道,昨天是我不对,你也揍了我。如果你认为到此可以解决的话,那么请握我的手,让我们交个朋友吧。"从此以后,这名官员便成了一个热烈拥护华盛顿的人。

尽管华盛顿的地位比那名官员高,而且是这名官员动手在先,但他并没有揪住这两点不放,而是主动将自己的错误提出来,在没说一句"对不起"的情况下,让对方感受到自己的歉意,从而化解了一场矛盾。华盛顿的这种道歉方式非常巧妙,既保全了自己的面子,也维护了对方的自尊,并赢得对方的支持。

由此可见,道歉的目的并不仅是为了争取对方原谅,还要赢得对方的认同,从而使对方真正与自己站在同一条战线上,这也正是提升孩子表达能力的好时机。那么,如何道歉才能取得良好的效果呢?

1. 一般性道歉用词简洁为佳

如果孩子犯的错误没有给对方带来损害,或情况不是很复杂,道歉用词以简洁为佳,比如"对不起"、"我错了"、"请原谅"等,不要啰嗦、重复或夸大其词,一个劲给自己抹黑,对方即使接受孩子的道歉,也会觉得他缺乏诚意。

2. 主动说出自己的问题

一个有诚意的道歉,是要站在对方角度想问题。如果对方是心思比较细腻的人,在道歉前不妨安排一次"情感预警",比如"我知道你对我刚才做的事很生气"、"我知道你在等我"、"我知道我不该和他打架,我让你失望了"。让孩子理性地说出对方的感受,要比对方凭感性进行发泄要好得多,至少可以让人的情绪不会那么激动,理智地听完孩子接下来的道歉。

3. 适当夸大自己的过错

这种道歉方式是让孩子在自己犯错的基础上,适当夸大自己的过错。比如孩子不小心将碗打破,此时除了要说"对不起"外,还可以这么说:"我把碗打破了,不但浪费钱,还可能伤到妈妈、爸爸……"这样一来,父母反而会觉得孩子想得太多了,更容易原谅他真正犯下的错误。

4. 表示承担责任

有些错误仅靠说“对不起”或其他道歉语言就可以解决，但当孩子的错误造成一定损害时，一句“我错了”或“对不起”可能无法消除对方的怒意，这时就需要孩子主动说明引起错误的原因。说明原因并不是找借口或推卸责任，而是为了让受到损害的一方在听的过程中平复情绪。

当他冷静下来后，再主动提出为自己的行为承担责任，进行补救，将损失降至最低。补救方法不能由受损害一方先提出，否则可能会出现两个问题，一是令人觉得犯错人没诚意，二是提出的补救方法可能超过受损范围。为了避免这两种情况发生，孩子就要主动提出补救方法，比如“我马上把地扫干净，不会留下碎片”、“我会用我的零用钱赔偿你的”等，同时保证自己不会再犯相同的错误。这样的道歉方式，能令人感到诚意，进而认同孩子的道歉行为，为孩子赢得成功的人际关系。

5. 赞美对方心怀宽大

如果对方是喜欢听好话的人，与其一味将问题纠结于自己的错误上，不如在诚恳道歉后，将关注点放在被道歉人的身上，称赞他心胸宽广。这种方式带有积极的暗示作用，大多数人会顺着赞美内容的指示去做，接受孩子的道歉。

想要这几种道歉方法更好地发挥作用，让孩子能自如运用表达能力，说服对方接受自己的歉意，还要掌握下面这些道歉的要领。

1. 道歉要及时

犯错之后，拖得时间越久，道歉的效力就越小，并可能令双方僵持不下。如果孩子在第一时间主动表示歉意，就有可能打破僵局，不给对方“翻旧账”的机会。有些道歉如果不能马上进行，比如说对方正在气头上或对孩子的成见很深，最好先通过第三方转达自己的歉意，待对方火气平息后再亲自当面赔礼道歉。

2. 道歉的态度要诚恳

诚恳的态度会让道歉事半功倍，而傲慢的态度，例如，“我不是说了对不起吗”、“对——不——起——啊——”等，不仅不能让对方接受，还会引起对方的反感。因此，我们在教孩子道歉技巧的同时，别忘记提醒他们注意面带微笑、语气低缓、眼神坚定，使人相信他是真正悔过。

教孩子学会“安慰”别人

一句贴心话，就像一个火把，能令冰雪融化；恰到好处的语言，像一盏油灯，能令人感到温暖。这就是巧言安慰的作用，它可以拉近人与人的距离，在别人受挫、困难时给予心灵上的支持。不过，安慰话并不是随便就能说出口的，如果说得不好，不仅没起到安慰作用，反而会伤害对方。

鑫鑫、小卓、芳芳、贝贝、千千、红红和成成是一个班的好伙伴。这天，小卓他们发现鑫鑫很不高兴，询问后鑫鑫向他们吐苦水。原来，鑫鑫参加了英语班，最近进行了一次抽考，有几个平时不是很努力学习的小朋友，成绩都比鑫鑫好，结果鑫鑫被妈妈好一顿说。知道好朋友心里不痛快，小家伙七嘴八舌地安慰她。

小卓说："他们又不是总考这么好，没有什么的！"

芳芳说："你是不是嫉妒他们啊？看成绩比你好你就不舒服啦？"

贝贝说："你的成绩不如他们，自然心里不舒服，谁都不愿意落在别人后边。"

千千说："你觉得他们不努力成绩还比你好，你那么努力，却不如他们，这真是太不公平了，你一定心里很不舒服，所以才和我们说的。"

红红说："是啊，你那么努力，还考不过他们，是不是你和老师的关系不好，老师为难你？"

成成说："我完全理解你，最近找你玩，你都是在学习。不过再聪明的人，也可能有失误的时候，你要对自己有自信，凭你的成绩，还在乎他们偶尔一次好成绩吗？别生气了，别让一个数字影响心情了。"

小卓、芳芳他们都用自己的方式来安慰鑫鑫，那么到底哪一个安慰最有效呢？我们先看小卓的，小卓的话听起来有点敷衍了事，根本不像安慰，反而无意间透露出"你这么小心眼儿"的意思；芳芳呢，根本不是安慰人，而是在指责鑫鑫，她透出来的"小心眼儿"的意思比小卓还明显，很可能立刻就遭到鑫鑫的反感和厌恶；贝贝的安慰虽然看上去比较贴心，不仅体现了鑫鑫此刻的心情，还表达了关切、理解，不过它的作用只能是安慰，起不到引导作用，如果鑫鑫是不善于自我反省的孩子，还有可能变得更加自我；千千比较客观地描述了鑫鑫遇到的事情和情绪，没有强加什么意见，看似平静实际上满含关切，既能够起到安慰效果，又不会使鑫鑫情绪更加激动；红红的话不像是安慰，倒像是在发泄自己的不满，这种安慰不仅有火上浇油之嫌，还可能会令鑫鑫有被忽视的感觉；成成的话看上去最有道理，实际上却是最没效果的，这很容易令鑫鑫产生"对方在炫耀自己看得远、看得明白，在贬低我”的想法。

由此可见，在这六种安慰中最有效的还是第四种，这说明掌握安慰技巧是非常重要的，我们在日常生活中如何帮助孩子掌握这项技巧呢?

1. 安慰应选取恰当的时机

不管安慰的话语多么贴心，如果错过了时机，那么就有可能令效果大打折扣。当他人出现问题时，孩子在得知后的第一时间就要对其表示出关心。如果对方情绪比较激动，先不要说话或问原因，而是用肢体接触等方式让他宣泄情绪。待对方宣泄完毕，恢复平静后，此时再说安慰话才会起作用。

2. 不要说“我完全理解你的感受”

不管是多熟悉的人，也无法真正理解对方的痛苦，因此在安慰他人时千万不能说：“我完全理解你现在的感受。”这句话只会令被安慰者更容易被“激怒”。相同的意思，如果换种说法效果就大为不同了，比如“我现在虽然无法真正明白你的心情，但我知道你一定很难过……”或“我虽然无法真正了解你的感受，但我真的很关心你……”这种安慰听起来更有诚意，而且更真实一些。

3. 用心聆听

在安慰对方之前，用心聆听对方的话语以及思考话语内容的真正含义，是非常重要的，聆听应当是用眼睛看对方的表情，用耳朵听对方的诉说，用心去感受对方的感情，而不是急于分享自己的故事或询问对方问题，这是后面安慰话是否能打动人心的关键。

4. 安慰话要说到人心底

对他人进行安慰时，安慰内容、语气、态度上一定要避免几个误区：一是不要轻易给对方建议，或轻易评论缘由；二是不需要“指教”他要怎么做；三是不要流露出“没什么大不了”的态度，或大惊小怪、过分附和，甚至火上浇油。这是因为安慰他人的第一目的不是帮对方解决实际问题，而是调节情绪，解决心理上的问题，因此“你不应该觉得……”、“你应该觉得……”这一类的话就要避免说出口，这不是我们说出来的，要靠对方慢慢摸索的。

那么，如何说才能真正达到安慰效果呢？我们可以根据当时情况加以区分。如果被安慰者是工作或学习上出了问题，我们首先要做的是肯定对方，让对方回顾成功的体验，比如说“听说你以前……”引导回顾自己的成功，这样就有可能将不愉快的事情忘掉，重新对自己树立信心。此时我们再趁机提出：“这次事情可能不完全是你能力的问题，有可能是……”这句话点到为止就可以了，至于被安慰者需要做什么努力，这就需要他自己去总结。如果对方“当局者迷”，我们也不要越俎代庖，可以从侧面提问的方式，如“你觉得自己的水平如何”对其进行引导，使他重获自信，走出阴影。

如果对方生病了，如何去安慰，也是有讲究的，像“不要急，安心休息，很快就会好的”这句话虽然能让对方感受到你的同情，但是从安慰上讲是毫无效果的。其实，在探望病人时，安慰内容并不一定要涉及疾病，一些有趣的欣慰或幽默放松的话题会给病人带来愉悦感，从某种意义上来说，这是最大的安慰了。

教孩子懂得“道谢”的技巧

在获得他人帮助后，说一声“谢谢”表示感谢，这是再普通不过的事情了。但是，想要把“谢谢”说好，真正让人感受到你道谢的诚意，就不是那么简单的事了。是的，没有错，就这一声小小的“谢谢”，也是培养语言表达能力的必经之路。

玥玥最不喜欢的就是收拾屋子了，她的房间永远是乱糟糟的。周末的一天，妈妈再也忍不住了，让玥玥必须把屋子收拾好后才能做其他事情。妈妈说完后就忙自己的事情。玥玥自己越收拾越累，这时邻居家的小宝来找她玩，就帮助她一同收拾起来。

半个多小时过去了，屋子终于收拾好了，妈妈进来检查后很满意，好好表扬了玥玥一通。妈妈离开好一会，玥玥和朋友小宝两个人正在看书，玥玥像突然想起来一样，对小宝说了一句“谢谢你”，就继续看书了。没想到过了没几分钟，小宝就把书放回去，气呼呼地走了。玥玥的妈妈询问后才知道，原来刚才收拾房间是小宝帮的忙，她生气地问玥玥：“你太没礼貌了，怎么也不向人家道谢?”玥玥也感到很委屈，自己明明说过“谢谢”了。

玥玥确实向帮助自己的小宝道谢了，这是个不争的事实。但是，她的道谢由于方法不对，根本没产生应有的效果。首先，玥玥在妈妈表扬自己时，没有及时指出是小宝帮的忙，更别说向他道谢了。其次，她后来向小宝道谢时，只是轻描淡写地说了一声“谢谢”，没有更多的表示。小宝因此认为，玥玥根本不重视自己，更别说感谢了，所以愤然离去。

由此我们可以知道，感谢他人，光说“谢谢”是不够的，必须掌握一定的技巧，才能让对方感受到你道谢的诚意。

1. 掌握感谢的时机

当孩子接受他人的帮助时，一般情况下应当场说“谢谢”。如果当时条件不允许，在事后应第一时间让对方知道自己的感谢。如果时间拖得越久，就越容易给对方留下“忘恩负义”的印象。

2. 说出感谢的原因

感谢必须是真情表达。如果对方提供的帮助对孩子来说非常重要，那么只说“谢谢”是不足以表达感谢之情的，这时可以在说完“谢谢”后，清晰地告诉对方为什么而感谢。常见的语言叙述为：“今天多亏了你……”、“感谢你为我……”、“没有你帮我……我真不知道该如何是好”、“这次如果不是你，我一定……”在说这些时，孩子一定要是发自内心而非敷衍的，这样被感谢者不仅会觉得感谢者领了情，而且会觉得为他提供帮助是值得的。

3. 目光与目光对接

在表示感谢时，如果能够看着被感谢者的眼睛，能令被感谢者感受到自己的诚意。相反，如果逃避躲闪与被感谢者的眼神交流，即使感谢是发自内心的，也会显得过于随意，令诚意大打折扣。

4. 通过第三方传达谢意

除了当面表示感谢外，还可以通过对第三方传到自己的谢意。比如，玥玥就可以对小宝的妈妈说：“阿姨，小宝那天帮助我收拾屋子，他对我太好了！”这种间接道谢方式会让孩子的诚意增加不少砝码。

第八章　培养孩子的语言素养

让孩子学会“社交礼仪”

如果说口头能力是语言表达的硬件，那么良好的礼仪就是语言表达的软件。我们可以把礼仪看作是会表达的名片，在孩子开口前，他的仪容仪表、一举一动等细节处体现的礼仪已经足以反映他的教养，从而直接影响到对方对孩子的第一印象。为什么礼仪对口才影响这么大呢？很简单，礼仪是一个人内在修养和素质的外在表现。一个懂得礼仪的人，展现给他人的是高雅的风度、良好的形象与气质修养，那么，在与对方交流时，势必会引起对方的好感，即使在表达上有那么一点欠缺，也会被忽视。同时，一个懂得礼仪的人，在措辞组句方面也会比较用心，令语言表达锦上添花，表达能力也会变得更加出众。

一天，照照从外面跑回家，哭着说："妈妈，菁菁说不再和我一起玩了。"妈妈问原因，照照回答道："菁菁说我是脏小孩，还说我没礼貌。我对她说，你不是喜欢听我讲故事吗？我讲故事给你听。她就捂着耳朵，说不想听我说话。"

妈妈好不容易哄照照不哭，问清了事情经过，原来照照和菁菁在小区里玩，有一个人来问路，照照可能是玩得正高兴，随随便便地回答："我哪知道呀？"还不耐烦地看了对方一眼，这让问路的人很生气，嘟囔了一句："这个孩子怎么这么没礼貌呀。"妈妈又去找菁菁，菁菁皱着眉说："阿姨，照照太没礼貌了，别人问路，他怎么能用这种态度回答呢？我一想到他以后也可能那样对我，就不想听他说话了。"

妈妈回家后，将菁菁的话告诉儿子，并对他说："菁菁说的没有错，一个没有礼貌的人，不管你口才多么好，给人的第一个印象就是说话难听，谁会愿意听这样的人说话呢？"

说着，妈妈带照照出门，不远处走过来一个老奶奶，妈妈对他说："等会老奶奶过来了，咱们向她问声好吧。"

“我们为什么要问好呢?”照照很奇怪,“我们不认识她。”

“等会你就知道了。”正说到这儿,老奶奶走过来,妈妈先问好,照照虽然不明白,也学着妈妈的样子,面带微笑说:“老奶奶,您好。”

“你们好。”老奶奶高兴地看着照照说,“多有礼貌的孩子,说起话来真让人舒服。”

看着老奶奶渐渐远去的身影,照照不解地问妈妈:“我只是问了一声好,为什么她说我说话让人舒服呢?”妈妈说:“因为你很有礼貌,让她打心底觉得舒服,所以在你没有和她说太多之前,就对你产生好感。我相信,如果有时间让你们聊天的话,她一定会认真听你说话,而且很容易就与你达成共识。相反,不管你说得多好,如果缺乏必要的礼貌,也没有人想听。现在你明白了,菁菁为什么不想和你说话了?”

照照点点头,说:“妈妈,我知道怎么和菁菁和好啦!”

照照只说了一句不礼貌的话,就被小伙伴“嫌弃”;当他主动向老奶奶问好,又被认为是一个说话得体的孩子。显而易见,礼仪在其中起了多大的作用。

日常生活中,很多孩子由于缺乏必要的礼仪训练,在与人交往中发生误会和摩擦屡见不鲜。所幸的是孩子年龄尚小,思维和语言表达都没有完全固定下来,如果能及早对孩子的社交礼仪进行培养,就一定可以纠正这种不良习惯,让孩子变得谈吐高雅。

社交礼仪并不只是礼貌用语那么简单,实际上它包含很多方面,这些都需要孩子一一掌握。

1. 仪容仪表礼仪

整洁大方的仪容仪表,如整齐的头发,合体干净的衣着,手、脸等身体部位清洁干净……这会让孩子给人第一印象就非常好。

除此以外,优雅的行为举止、具有亲和力的表情,也会给仪容仪表加分。行为举止是一种无声的语言,无论是站、坐(挺胸收腹,身体直立),还是行(昂首挺胸,肩膀自然摆动,步速适中,步伐坚定),都会无时无刻向他人传达出孩子是否有良好的素养。

有了优雅的举止还不够,在与他人面对面直接交流时,表情的亲和力会让孩子更有吸引力。微笑是亲和力的表现,如果语言和微笑配合得好,与人沟通起来就会非常容易。微笑的时候,嘴角应当向上翘起,带动双颊肌肉稍稍上抬,露出六颗牙齿,这样的微笑看起来更自然一些。当然,不是所有的场合都适合用微笑,这还需要根据具体情况来调整表情。

2. 语言礼仪

语言礼仪主要指的是礼貌用语,在日常生活中礼貌用语的使用非常频繁。比如,当孩子遇到困难,希望得到他人帮助时,一个"请"字会帮他赢得同情;在获得别人帮助后,一句"谢谢",会使别人相信自己的帮助没有白费;见面时,主动上前打招呼,说一句"您好",会拉近两个人的距离;不慎伤害到他人,说句"对不起"会令对方得到安慰,减少隔阂……这些都只是最基本的礼貌用语,还有很多相对复杂的还需要我们教给孩子,时间久了,孩子的谈吐自然就能变得彬彬有礼、大方得体了。

除了要注意仪表仪容、使用礼貌用语外,在社交礼仪中,还应当遵循一些基本的规范。

1. 尊重他人

在社交场合,每个人的情况各不相同,有好有坏,但一个人无论有多大成就,对任何人都应当是平等的,只有平等地对待他人,才能做到相互尊重,从而形成和谐、长久的人际关系。尊重他人包括尊重他人的性格、能力,不随便打断别人的讲话,不在背后议论他人。

2. 严于利己,宽以待人

在人际交往中,对别人一些小问题、小毛病,不要斤斤计较、咄咄逼人,而是试着体谅对方,帮助对方对待或处理;对别人不同于自己的做法,要理解,不能以自己的要求约束他人;多发现对方的长处、优点。相反,孩子对自己的要求应当严格一些，随时观察自己是否有不当之处，及时改正；在和他人发生纠纷时，要主动从自己身上找原因，自我检讨，自我反省；避免处处炫耀自己的某些特长或优势；交往中要注重给予，而不要凡事讲究回报……

教孩子巧妙地运用开场白

人与人的交往中，第一印象是非常重要的，想要给自己的第 印象加分，开场白是关键。精彩的开场白，能够营造出不同的气氛，奠定整个交谈的基调，同时调动对方的情绪，并能在三言两语间就将其带进自己用语言创设的情境中，从而取得良好的交谈效果。

1958 年，冯骥才应邀到美国做演讲，主持人向听众介绍：“冯先生不仅是作家，以前还是职业运动员。”而台下的听众并没有表现出太热情。

这时，只见冯骥才把西服上装脱了下来，又把领带解了下来，最后把毛背心也脱了下来，大家都愣住了，注意力全部集中在他的身上。略停一会，冯骥才慢慢说道："刚才主持人介绍我是职业运动员出身，我的职业病突然犯了。大家都知道，运动员临上场前都要脱衣服的，我今天要把会场当赛场，给诸位卖卖力气。"这句话刚说完，就引得全场听众大笑，掌声如雷，冯骥才得以顺利开始演讲。

冯骥才在开场后，先是制造了一个悬念——没有立刻进入主题，而是做出脱衣服这一出人意料的举动。在吊足听众胃口后，才不动声色地抖出一个幽默的"包袱"——借着主持人对自己曾有着职业运动员身份的话头，以及运动员上场前再普通不过的表现，引出自己脱衣服是为了更好地演讲，让听众恍然大悟：原来他的所作所为都是铺垫与烘托。这种别开生面的开场白一出，收到了"举座尽欢"的艺术效果，他正是靠着独具一格的开场白，征服了挑剔的美国人。

由此可见，一句巧妙的开场白能为口才的发挥增添光彩。当然，开场白的设置并不只限于制造悬念、说幽默段子，还有很多值得我们借鉴的方法。以下是社交场合常用的几种开场白，能让孩子的演讲或日常对话匠心独具、引人入胜。

1. 设置悬念

每个人都有好奇心，用设置悬念作为开场白可以吸引听众的注意力。案例中冯骥才使用的就是这种开场方法。当然，悬念并不是只有动作，孩子可以栩栩如生地描绘一个耸人听闻的事情，或透露一个惊人的数据，或者发表一个独特的看法，但对此并不多加解释，而是在后面的讲话中解开悬念，使听众的好奇心得到满足，也使说话内容前后照应。

设置悬念作开场白要注意两点：悬念不应当是人人都知道的常识性问题，不要只"悬"而不解，以免让对方认为自己受到愚弄，而生反感。

2. 拉关系

一般来说，我们对于和自己有某种联系的人，都会放下戒心，比较容易接受对方。而在开场白中采用拉关系的方法，会达到这一效果。有这么一个例子，前美国总统里根于1984年访问复旦大学。为了拉近与学生的关系，他在开场白中主动告诉学生："我的夫人南希，与复旦大学的校长谢希德是美国史密斯学院的校友，这么说来咱们自然也都是朋友。"短短的两句话就使年轻的学生们立刻与这位总统亲近起来。

用拉关系的方法作为开场白，要注意一点："关系"不是生拉硬造的，而是确实直接或间接存在的，不能以"自来熟"的方式硬贴上去，更不能过分刻意强调。

3. 说故事

用故事作为开场白，不仅可以直接进入主题而不显得生硬，也能起到"点题"的作用。比如孩子做一个关于母亲节的演讲，可以先讲一个关于母爱的故事，在成功地煽动听众的感情之后，再说出主题，就可以更容易使听众对演讲词产生共鸣。

用说故事作为开场白，要注意两点：故事一定要与谈话主题有关联，故事应当短小精炼。

4. 聊对方感兴趣的话题

通常情况下，谈话的话题是对方感兴趣的，才有可能继续下去。但如果对方戒心比较大，或者不愿意聊天，就需要在开场白将这一"橄榄枝"抛出去。

聊对方感兴趣的话题前，一定要让孩子提前做好功课，否则一旦对方有了聊天的兴趣，而孩子却对这个话题并不是太熟悉的话，很容易弄巧成拙。

5. 赞美

每个人对被赞美都会产生愉悦感，用赞美作为开场白，不失为一种拉近距离的好方法。赞美有直接和间接两种，直接赞美是直接说出自己对对方的赞美，这种方法能够即时起到作用。如果对方经常被赞美，或者警惕性较高，这时不妨使用间接赞美，即转述别人对对方的高度评价，这种方法在扩大赞美影响的同时，还能表达出个人的真诚之意，更容易被对方接受。

赞美他人前，要提前对对方做好了解，使赞美的内容落在实处，而非笼统应对或用词夸张，以便让对方感受到自己的诚意。

教孩子学会正确进行“自我介绍”

自我介绍时除了要报出自己的名字外，还要将自己的某些情况告诉他人，使陌生的两个人迅速建立起一种联系。这看似简单，实际上是语言能力培养不可缺少的一个环节。在这一环节中，为了能给他人留下深刻的印象，需要孩子将零散的信息重新组织起来，用简洁的语言以各种方式表达出自己的特点，这些都需要一定的技巧。当孩子掌握了这个技巧后，他的语言表达能力又会进一步提高。因此，我们要让孩子学会准确地自我介绍。

著名相声艺术大师马三立，采用单口相声的形式做自我介绍，为大

家描绘出一幅生动的“自画像”。

我叫马三立。三立，立起来，被人打倒；再立起来，又被人打倒；最后，又立起来，但愿别再被打倒。

我很瘦，但没有病。从小到大，从大到老，体重没超过100斤。

现在，我还能做几个下蹲。向前弯腰，还能够着自己的脚。头发黑白各一半。牙好，还能吃黄瓜、生胡萝卜，别的老头儿、老太太很羡慕我。

我们终于赶上了好年头，托共产党的福。我不说了，事情在那儿明摆着，会说的不如会看的。没有共产党，我现在肯定还在北闸口农村劳动。

其实，种田并非坏事，只是我肩不能担，手不能提。生产队长说：“马三立，拉车不行，割麦不行，挖沟更不行。要不，你到场上去，帮帮妇女们干点活，轰轰鸡什么的……”惨啦，连个妇女也不如。

也别说，有时候也有点用。生产队开个大会，人总到不齐。可队长要是在喇叭上宣布：今晚开大会，会前，马三立说段单口相声。立马，人就齐了。

马三立老师没有像普通人那样，介绍“我叫马三立，今年××岁，是个相声演员……”而是采用单口相声的方式，用自嘲的形式介绍了自己的名字、长相、体重等个人情况。接着，就该说自己的特长了，他先是自嘲自己“肩不能担”、“手不能提”，啥都干不了，然后话锋一转，“有时也有点用”，这不，“会前，马三立说段单口相声。立马，人就齐了”，将自己的老本行巧妙地点出来，也让人留下“这个老先生不愧是相声大师”的印象。

孩子虽然没有马三立老师丰富的人生经历，同样可以将自我介绍说得别具风格，余音绕梁，那么，我们应该如何教会孩子自我介绍呢？

1. 先教孩子说名字、年龄等基本信息

孩子上幼儿园前，会说的话比较有限，这时只需要让他们学会描述一些关于自己的简单的信息就可以了。我们先设计一些对话，比如：

你叫什么名字——我叫张静婷。

你今年几岁了？——今年四岁。

你爸爸叫什么？——我爸爸叫张大勇。

你家住在哪里？——××区××路××小区×号楼×单元。

……

刚开始训练时，家长可以先用一问一答的方式向孩子提问，并代替他回答。回答时语速尽量放缓一些，吐字要清楚，以便于孩子记住答案。当孩子对问答内容较为熟悉后，家长向孩子提问后，可引导孩子自己回答问题。如此重复数次后，再引导他不用提问就能将答案串联在一起，形成一个基本的自我介绍。

2. 教孩子说出自己的喜好

除了基本情况外，如果能在自我介绍中加一些主观性较强的内容，能提高孩子的人气，吸引到更多小伙伴的注意，也可以给大人留下深刻的印象。自我介绍中主观性内容体现的通常是孩子较为积极的一面，比如“我喜欢跳舞”、“我喜欢和小朋友一起玩”、“我喜欢……”

当孩子年龄再大一些，认知能力、语言表达能力有了一定提高，家长可引导他更进一步描述自己，如观察自己的长相——身材、脸型、鼻子、嘴巴，了解自己的性格、喜好兴趣等。将这些内容记录在纸上，并按照一定顺序(通常最有标志性的特征放在前面)，为自己画一幅自画像，再讲给父母或小朋友听。如果大多数人听完自我介绍后，立刻就知道描述的是孩子自己，那就说明孩子的自我介绍是比较成功的。

3. 巧妙“注释”自己的“姓”和“名”

为了让他人能听清、记住孩子的姓名，我们不妨教他对自己的姓名进行注释，这也更能体现孩子的口才与文化修养。有个叫聂远的孩子是这么介绍自己的：“我叫聂远，因为有两只耳朵，所以听得远。你们只要想到顺风耳，自然而然就能想起我来。”这样一说，“聂远”这个名字就能被对方牢记了。

4. 利用长相、属相、特长等进行调侃

这种调侃其实带有自嘲性质，自嘲并不是自轻自卑自羞自辱，而是幽默地表现出自己的内在品格或能力，这比一味地“推销”自己更容易为他人接受。下面介绍几个自嘲式自我简介的小例子。

我叫珊珊，属牛的，老牛平时不怎么“说话”，可是能吃苦，能干活，我也要像老牛一样。

我叫盈盈，我最喜欢画画，虽然我画得有点抽象，不过妈妈说了，毕加索大师的画也很抽象，我多练习练习，一定也能行的！

有了以上几个方面的精心准备，同时辅以恰到好处的微笑、手势动作，就能使原本简单的自我介绍变成一段成功有趣的表演，让孩子的表达能力得以展示。

自嘲、注释等方式虽然会令自我介绍更形象生动，不过在具体运用时，还是要帮助孩子要把握好度，掌握介绍的要点：自我介绍一定要最大限度表现出自己的优点和特征，但不可夸张，尽量少用虚词或感叹句，而是以事实作为依据，在逻辑的引导下，将自己的优点和长处很自然、合理、有序地显露出来。此外，在做自我介绍时，不要过多强调“我”，如果能通过说别人的优点来引出自己的长处，会令听者更能接受。

有这么一首顶针诗：“天下文章数三江，三江文章数敝乡。敝乡文章数进士，进士跟我学文章。”这首诗前三句告诉对方“自己家乡的文章是天下第一，其中做得最好的是进士”，然后话锋一转，在最后提到“是我教进士写文章的”。全诗没有一句提到自己的长处，也没有过多地提到“我”，却能令听者清楚地了解到“我”的能力，成功地把自己“推销出去”。

教孩子学会礼貌地“打招呼”

不管是熟人见面，还是与陌生人偶遇，打招呼是再平常不过的事情了。别小看这声“招呼”，它可是孩子语言表达能力好与坏的表现之一。招呼打得好，意味

着孩子在公众或陌生场合有敢于表达自我的胆量和决心，也意味着他能熟练运用词汇或语句赢得他人的好感，这正是孩子语言表达能力提高的必经过程，也是口才训练的目的之一。

亚亚的妈妈从来没因为亚亚年龄小，就忽略培养孩子的打招呼能力。在日常生活中，她经常以身作则。比如，早晨送亚亚去幼儿园，路上遇到门卫，就会微笑地和他打招呼："都早晨了，您还没下夜班呢！真是太辛苦了！"到了幼儿园，她把亚亚交给老师，笑着说："您这么早就来了，这一天又要忙啦！"晚上吃完饭出去散步，碰到邻居，又会主动说："大爷，您出来遛弯吗？"如果遇到陌生人挡住他们的去路，妈妈还会礼貌地说："您好，您可以让一下吗？"……

聪明的亚亚听在耳里，记在心上，一有机会也要"实践"一番。这天晚上，妈妈又带着亚亚出门，远远地看见二楼的李奶奶走过来，亚亚嘴里开始嘟囔着什么。当李奶奶走到他们面前时，亚亚一口气说道："李奶奶好，您吃完饭了吗，出来遛弯吗？"李奶奶听完后高兴地说："亚亚真会说话，这么小就能说得这么好，真棒！"

还有一次，妈妈带亚亚在小区里转悠，一个老爷爷带着孙子在前面慢慢地走，把路占了一大半，亚亚想走他们前面，于是走过去说："爷爷您好，可以让我们先过去吗？"这位老爷爷笑咪咪地让了路。在小区空地上，亚亚看见两个比她年龄大的小姑娘在玩跳皮筋，于是上前说："姐姐，让我和你们一起玩好吗？"这两个小姑娘开心地拉着亚亚的手说："好吧，咱们一起玩。"亚亚一下子交了两个好朋友。

在妈妈的引导下，亚亚不仅能熟练使用打招呼的基本词汇，还能根据不同情况说出不同的打招呼内容，赢得了大家的喜爱。不过，不是所有孩子都能像亚亚一样大大方方地打招呼，即是打招呼，说起来也比较生硬。

为什么会出现这种情况呢？原因有很多种。有的孩子天生胆小、害羞，不敢与外人接触；有的孩子掌握的词汇较少，或者表达能力较弱，不知道该说些什么；有的孩子则完全没有和人打招呼的意识。事实上，"打招呼"不是孩子的天赋，而是后天教育的产物，也就是说孩子会不会打招呼是家长教出来的。如果你希望自己的孩子在与人交往、沟通中能给人留下良好印象，同时让语言表达更上一层楼，那么，就应该从小培养孩子打招呼的习惯以及教给他们相关的技巧。

1. 打招呼要主动

某心理学实验证明，在小组讨论中，首先发言的人往往更容易成为讨论的主角。同理，首先开口打招呼的人，能牢牢把握住对话的主动权，使对方按照自己的节奏进行交流。当然，主动打招呼是要挑选时机的，如果离得比较远，先不要让孩子说话，而是低下头，然后慢慢抬头，面露微笑，影响对方。此时，对方已经在心理上被孩子的气势"控制"住，孩子就可以根据自己的能力选择话题了。

2. 招呼说辞根据具体情况而定

“你好”这个词是打招呼时最常用的，但是如果用在熟人身上，就有点刻意疏远的意思，不那么适用了。而“你吃了吗”、“干什么去”等招呼内容，虽然显得比较熟络，可是会涉及他人的隐私，而且显得语言极其贫乏，可能会令对方感到尴尬。

如何才能让打招呼显得自然呢？最有效的方法就是“随机应变”。比如，同样是问好，在见到小区保安可以这么说：“今天是您值班，叔叔辛苦了！”见到邻居可以这么说：“阿姨，您下班回来啦！”见到小朋友说：“今天过得怎么样，好久没一起玩了，等会我来找你吧！”见到清洁员可以这么说：“阿姨，您拖地拖得真干净，都能照出人影儿。”……这些打招呼的内容能满足不同人的心理需求，从而为孩子顺利与他人沟通打开局面。

3. 打招呼时要加上称呼

打招呼之前，加上一个称呼，会显得说话内容不那么突兀。一般来说，和自己同龄或同辈的人打招呼直呼其姓名或“你”就可以了，但也要注意说话语气，要礼貌得体。如果是跟长辈打招呼，就要根据不同年龄使用不同称呼，如“叔叔”、“阿姨”、“奶奶”，或“您”等。

4. 特别关注被冷落的人

对于那些被冷落的人，比如有的小朋友性格内向，经常被其他人忽略，这时向他打招呼——“真巧碰到你，有时间咱们一起玩吧”、“你好，你笑起来真好看，能和我交朋友吗”……对他来说非常珍贵，并会给他留下深刻印象。如果他的父母在身边，效果就更好了，不仅会让对方小朋友感到开心，他的父母也会觉得打招呼的孩子说话得体，有礼貌。

5. 打招呼不要戳到对方痛处

打招呼的方式有很多，其中开玩笑是个不错的选择，如“小鸣，你的眼睛怎么变这么大了”、“王叔叔，你走得这么快，真是日行千里呀”。但并不等于说所有的东西都可以拿来开玩笑，一些伤人自尊或戳到对方痛处的玩笑，会让人难堪，下不了台。比如，一个人是个大胖子，最忌讳被人说他胖了，如果这样打招呼“李叔叔好，您站在这儿我都没地方站着了”，肯定会令对方火冒三丈，即使当面不发作，背后也会议论孩子没礼貌的。如果这么说：“李叔叔好，您身体真健壮，走得这么快，我差点来不及和您打招呼了。”在这句话中，“胖”的概念巧妙转化成“健壮”，既恰到好处避开了对方的痛处，又点出了对方的优点，让听者心里受用无穷。

“幽默”让孩子与众不同

幽默是一种调味剂，它能够让原本平淡无奇的话题变得生动有趣；幽默是一种素养，一个说话友善幽默的人，无论面对的是陌生人还是朋友，都能拉近与对方的距离。这就是幽默的魅力和珍贵之所在，为口才披上了一件魅力的外衣。

爱尔兰著名的文学家萧伯纳素以幽默言辞见长。一天他在大街上行走，一个人骑着自行车冒冒失失地冲了过来，将他撞倒。这个冒失鬼急忙下车搀扶萧伯纳,并连声道歉。萧伯纳拍了拍身体,发现并没有受伤,面露惋惜之色:“你的运气真不好,如果把我撞死了,你就可以名扬四海了。”

还有一次,萧伯纳去医院检查脊椎骨,医生对他说:“你的问题很严重,我们需要从你身上其他部位取下一块骨头,来替换那块有问题的骨头。不过,这个手术很困难,我们也是第一次做……”萧伯纳知道医生想告诉他手术费不菲,却不好意思开口,于是他笑着说:“好啊,你们打算付我多少手术试验费呢?”

在第一个故事中,萧伯纳的幽默言辞巧妙化解了两人间出现的不愉快与窘迫感,令肇事者感受到萧伯纳的宽容大度,使事故得到友好地处理。在第二个故事中,萧伯纳没有与医生争论,或表示不满、失望,而是利用“付试验费”的幽默言辞点出了医生的顾忌,缓解了医患之间的紧张气氛,使彼此的关系变得融洽。

幽默就是这样富有魅力,它令口才表达更具说服力,它令语言更具激励性,同时也能化解困境,使我们立于不败之地。当然,幽默不仅是大人的专利,每个孩子都有幽默细胞,当他们会说话时,有可能说一些出乎成人意料的话,逗得人捧腹大笑。有这样一个孩子,当他的父亲无意中“夸”自己长得帅,他立刻就做出反应,自问自答:“有头牛在天上飞,你知道为什么吗? 那是因为爸爸在地上使劲地吹呢!”孩子的想象力就是这样丰富,他们能无限发挥想象力,说出幽默的话语,无形中削弱了人际交往的复杂性。如果你的孩子暂时不太擅长言辞,那么幽默的话语能帮助他们打开话题,轻松吸引他人的注意;如果你的孩子口才比较好,那么幽默话语能为口才锦上添花,令口才更加出色。

不过,由于孩子的逻辑思维比较简单,只有经过后天培养,才能形成真正的幽默感,在孩子的人际交往中起到举足轻重的作用。这就需要我们在教会孩子幽默技巧之前,先培养孩子的幽默感。

孩子在 1 岁时,对他人的面部表情就比较敏感了,家长在此时可用扮鬼脸、做夸张表情等方式吸引孩子注意,或者在孩子“挤眉弄眼”时报以大笑,这些可以说是幽默感的初级启蒙。孩子在2岁左右,能在身体或物品表现出的不和谐中找到幽默的元素,比如小马玩偶不是被娃娃骑,而是骑在娃娃身上;大人故意将袜子套在手上……孩子3岁后到上学前,喜欢上玩一些角色扮演游戏,家长可挑选一些幽默性较强的"剧本",和他们一起扮演角色。

同时,在这一时期,孩子的理解力逐渐增强,也慢慢积累了一些知识,家长不妨经常在孩子面前表现出幽默感。孩子不小心摔倒了,这时与其哄他,不如说:"哎呀,宝宝的吸引力太大了,连地球都忍不住加大地心引力,想和宝宝亲近亲近呢!"这种幽默的表达方式不仅能对孩子产生积极乐观的影响,对思维能力及语言表达也有一定的帮助,让孩子在潜移默化中学会用幽默打造口才技能。

当孩子形成幽默感,或有了"幽默"的意识后,我们接下来要做的,就是教他们学会如何使用幽默的语言为口才加分。

1. 对词汇做"别解"

别解,是指将我们日常熟悉的词汇用在另一语境中,使该词汇的意义发生变化,"形似而意不似",体现出幽默的效果。比如,孩子想问大人要几根鸡毛,大人拒绝,孩子可以这么说:"唉,您可真是一'毛'不拔呀。""一毛不拔"原义是吝啬,一分钱都不给,在这里变成"羽毛"、"鸡毛"的意思,这种偷换概念的"抱怨"与"您一根羽毛都不给我,真小气"相比,哪句效果好是显而易见的。

2. 自我嘲讽

当孩子陷入比较尴尬的境地时,自我嘲讽可以帮助他体面地脱身。比如,孩子的个子比较矮小,有人不小心把水洒到他身上,这时孩子可以这么说:"你以为这种方式可以让我快速长高吗?"借助自嘲自己个子矮,既显示了孩子大度的胸怀,又维护了自尊。当然,运用自嘲也要注意一点,最好不要实实在在地点出自己的缺点,而是采用旁敲侧击的方法,尽量夸张一些(但不能贬低),否则起不到幽默效果,还会对自己造成伤害。

3. 语义反差

语义反差就是当说到结尾部分时,突然转移话题,使结尾内容的意思与前面截然相反，使人忍俊不止。比如，孩子正在劝架，可以这么说："你们都这么大人了，还吵架，别吵了，别吵了，我帮你们打伞吧！"对方会问为什么要打伞，孩子这样回答："当然是躲雨啦，你们俩这里乌云密布、雷声轰轰，待会肯定得下场大雨。"一般人听了这样的劝解，都会哈哈大笑，火气自然消下去。

4. 以愚启智

当孩子想让对方了解自己确实已经明白某个道理，可不直接说出来，而是"装傻充愣"，故意说出反话。比如，孩子给小朋友讲《守株待兔》的故事后，这样说："我觉得这是个好方法，以后什么都不用干，也找个木桩守着，捡撞死的兔子，你觉得怎么样？"当然，这种说辞一定要对方也有幽默感才行，否则他可能会将孩子的反话当真哦！

5. 偷换概念

偷换概念有多方面的意思，这里指的是利用概念的多种含义，将一种含义向另一种含义转移。比如，当孩子被问到"爸爸好还是妈妈好"的问题时，不要急着回答，而是反问对方："什么叫做好？"对方回答："就是每天都和你说话，帮你吃饭，亲吻你……"孩子这样说："看样子是嘴巴要好一点。"在这里，偷换了"吃饭"、"说话"等对象的概念，使孩子巧妙地避开了对爸爸妈妈作评价的尴尬话题。

除了文字的组合外，知识的积累也非常重要，有很多幽默的歇后语、故事都可以为语言表达增加幽默感。因此，在引导孩子掌握词汇的同时，还要了解更多的知识，让幽默真正扎根于口才中。

第九章　孩子常见表达问题解答

孩子爱插话怎么办

培养孩子的表达能力，其中一个重要方法就是让他们多说话，特别是在外人面前大胆开口。但是，有的孩子往往把这一要求“发扬光大”，该说话时绝不含糊，不该说话时也抢着插话。即使事先或当时被“警告”，不到十分钟，孩子又会迫不及待地发表自己的意见。这种情景会让你尴尬不已，但又无计可施——制止不起效，而呵斥又会损害孩子的自尊心，影响语言能力培养。

鑫鑫被幼儿园老师选为小主持人，每天一回家她就忙着练习主持、背台词，原本爸爸妈妈对此是很支持的，可是最近发生的事情让他们很无奈。

鑫鑫的爸爸妈妈朋友很多，到了周末大家总喜欢来家里小聚一下。

可是在大家相谈甚欢时，特别是在谈到与主持、表演有关的内容时，鑫鑫总是在一旁插嘴。比如，一个人刚提起某位主持人的普通话不过关，鑫鑫就一板一眼地开始模仿主持，然后说："这样说才标准。"再如，有人提起某个主持动作比较僵硬，鑫鑫又立刻嚷着吸引大家的注意，一边表演还一边解说。刚开始，大家还觉得挺有趣，可是时间长了就觉得很不方便，生怕再说什么又引起鑫鑫的话头。鑫鑫的妈妈也说了她很多次，可鑫鑫就是不改。

孩子学说话，并且愿意多说话，是为了达到自己的目的。如为了表达某种信息或得到某种东西、为了给自己解闷、为了博得别人的赞扬等，这些是他们自我意识较强的反映。对于鑫鑫来说，她插话的目的显然是希望自己的主持和演讲能得到大人的赞扬与鼓励。

在这种情况下，如果爸爸妈妈阻止她插嘴，很可能会扼杀女儿说话的萌芽，这对于口才培养无疑是不利的。那么，我们应当怎么做，才能在不影响口才培养的前提下，让孩子学会尊重他人，学会聆听，学会在适当时机发表自己意见呢？

1. 让孩子表现一下

如果孩子是因为表现欲强，希望通过参与大人谈话，赢得大人认同或喜欢，那么恭喜你，说明孩子思维比较活跃，且开朗活泼、表现力强，愿意在陌生人面前运用自己学到的知识和经历来组织语言，表现自己，这对于口才培养非常有利。此时，一定要给孩子正确的引导，让孩子在大人谈话的间歇说出自己的想法或进行表演。当然，在"表演"完后，别忘了给孩子掌声或言语上的鼓励、表扬。

这里要特别提醒的是，一定要明确给孩子一个时间限制，如"过二十分钟后你再说话"或"等我们谈完这一件事情后，你就可以发表意见了"，这可以让孩子对等待有一个明确认识，即使想插嘴也会克制自己了。

2. 让孩子有事可做

表现欲会令孩子感到被忽视而插话，这个时候，家长不妨为孩子安排一些小任务，巧妙引开他的注意力。比如，给孩子一篇文章、一首诗或其他文字内容，让孩子练习朗读或背诵，并向他告知一会儿要在大人面前表演。这样既能满足孩子的表现欲，锻炼口才，又能防止他有时间或精力插话。

3. 和孩子讲道理

孩子在大人面前不断插话，既不能用呵斥方法来阻止，又不宜置之不理，特别是对学龄前孩子来说，家长的漠视很可能会让他们慢慢降低开口的欲望。为了保护孩子的好奇心，让孩子自由思考，锻炼语言能力，家长应教会孩子正确表达见解的方法。具体做法是：当孩子第一次插嘴时，家长可先停止说话，让孩子将自己所想说完后，对他说："爸爸（或妈妈）等你把话说完了，你能不能像我一样，等我们谈完后再说话呢？"

孩子爱说脏话怎么办

随着孩子年龄的增长，语言表达能力越来越强，有的时候从他的小嘴里会蹦出"脏话"。面对这一情形，家长们往往会非常尴尬，同时心中也会升起疑虑：天真活泼的宝宝怎么就学会脏话了呢？

案 例

壮壮刚学会说话，小嘴就忙个不停，他最喜欢模仿爸爸妈妈说话了，常常爸爸或妈妈说一句什么，他就跟着说一句，大人都夸奖他聪明，而且说话时也都不会避讳壮壮。

一天，爸爸在搬东西时不小心踢伤了脚趾头，他皱着眉不由自主地说了一句脏话，被在一旁玩耍的壮壮听到了。晚上大家吃完饭，坐在客厅里看电视，壮壮突然皱着眉，学着爸爸的语气说一句脏话，大家听后觉得很有趣，发出一阵爆笑，壮壮很得意地左看右看。过了几天，妈妈带壮壮出去玩，正当她和邻居聊天时，壮壮又重复了一遍脏话。妈妈此时有点尴尬，胡乱打了声招呼就抱着壮壮回家了。

回家后，妈妈说了壮壮一顿，问他："说脏话好不好？"壮壮不假思索地回答："不好！"接着，妈妈又教训了他一顿，壮壮眨着眼睛什么也没说，显得很委屈。不过妈妈的训诫好像很管用，壮壮这几天都没有说脏话，正当大家放松警惕时，从壮壮嘴里又蹦出了之前的脏话。为什么壮壮明白说脏话不好，还会说呢？

世上没有无因的果，孩子之所以会说脏话都是学来的。特别是在他们语言表达能力发展的阶段，任何人说的任何话都可能成为他们模仿的对象，其中父母就是离孩子最近的模仿对象，这也正是壮壮爸爸无意中说出的脏话被壮壮学会的原因。那为什么壮壮清楚地回答妈妈"说脏话不好"，还是会说呢？道理很简单，孩子在七岁之前自我意识尚未分化出主体与客体，他认为"说脏话不好"是指别人，而不包括自己；他们学脏话，是觉得好玩，而不是因为是脏话而学，所以大多数属于无意识的学习。

当孩子开始说脏话时，如果成人能及时制止，一般开始比较容易奏效的。可是壮壮的家长采取的态度是调侃、大笑，这让壮壮误以为自己说脏话是对的，为了表现自己，他就会反复地说。

我们说，模仿是孩子发展语言表达能力、锻炼口才的重要途径之一，我们不能为了杜绝脏话而剥夺他模仿的权利。对此，家长一定要采取适当措施，让孩子既能找到正确的模仿对象，同时能认识到无论是他人还是自己，说脏话都是不对的，从而预防或纠正这一不良习惯。

1. 家长以身作则

家长是孩子的第一任老师，应当提高自己的文化修养，在孩子面前多说一些文明、优美、确切的词汇。良好的言行可以避免孩子养成说脏话的习惯，更重要的是能够成为孩子语言表达舒畅、词汇丰富的指导教材，为培养孩子良好口才打下坚实基础。当孩子用积极的语言来赞美或描述他喜欢的人和事时，家长一定要及时鼓励表扬，让他感到优美、健康的语言是令人愉快的。

2. 从故事中得到启发

绝大多数孩子都会对说教产生抵触情绪，家长与其在他耳朵旁不断地念叨，不如挑选几个健康、有趣、贴近他生活的故事、童谣，从正反两面告诉他说脏话的坏处在哪里。故事或歌谣等一定要朗朗上口，这样才能勾起孩子朗诵、表演的欲望，使他们在练习表达能力的同时受到教育。

3. 给孩子营造一个良好的语言环境

家长除了自身提高语言文明外，还要为孩子营造一个良好的语言环境，一旦发现孩子有说脏话的苗头，家长要立刻加以制止，并明确表达自己对脏话的否定态度。当孩子说出脏话时，家长既不要开心大笑，也不要斥责，这容易从正反两面刺激孩子重复脏话。正确的反应是不动声色，或者仅表现出不高兴甚至很生气，让孩子觉得这个字无意义或者没有吸引力，重复几次，孩子一般就会停止说这个词了。同时，家长也不要重复孩子说的脏词，这样容易加深他对这个词的印象和记忆，相反避而不提会令孩子更易忘记该词。

4. 分散孩子的注意力

如果孩子对某个脏字比较“执着”，家长不妨采用游戏方法，给他提供数个积极向上、优美的词，让孩子挑选出可以代替该脏字的词。尽管最后没有正确答案，但是孩子在挑选时注意力会一直集中在这些健康的词汇，慢慢地就会忘记之前的脏字，同时也可以给自己的语言表达增添新词汇。

孩子有些结巴怎么办

语言的连贯性是训练表达能力的目的之一，如果孩子有结巴情况，不仅无法达到语言训练的目的，时间长了甚至会对他正常说话造成影响，进一步降低语言表达能力。

璐璐说话在同龄的孩子中算是比较早了，一岁多一点时，她的口齿就很伶俐了，到了两岁时话说得就更顺溜了。可让妈妈没想到的是，到了两岁半左右，璐璐说话突然结巴起来，有时一句很简单的话，她结结巴巴很长时间才能说出来。妈妈看了心里很着急，只要璐璐开始结巴，她就生气地说："别结巴！"结果璐璐结巴得更厉害了。妈妈又说："你慢点说啊！"璐璐呢，干脆不说了。妈妈见状非常着急，向专家咨询。专家让妈妈回忆一下，以前是否有过可能会让璐璐变结巴的事情呢？妈妈仔细思索，想起几件事情。

一件是自己工作很忙，将璐璐送去全托，每周接一次，每次接璐璐回家后，她总是兴致勃勃地和自己讲幼儿园里发生的事情。可是妈妈呢，觉得听孩子说话浪费了她工作的时间，所以每次只要璐璐一说话，就做出很忙的样子。为了不耽误妈妈时间，璐璐想在有限的时间将所有的想法都讲出来，可是说话的速度总也跟不上思考的速度，慢慢地她讲起话来就有点结结巴巴了。

还有一件事，璐璐喜欢模仿，特别是模仿电视里的人物。一次她看了一个小品，觉得其中一个演员扮演的小结巴说话很有趣，于是便模仿起来。过了几天后，原本轻微的结巴变得严重了。有时璐璐想说一句话，把脸憋得通红都说不利索。

璐璐说话结巴的第一个原因，是语言发育过程中的自然现象。在孩子学习语言期间，会出现一个"爆发期"（这一时期通常发生在两岁左右），即他们能突然能说出很多词汇。但是，与此同时，他们的思维发育尚不成熟，无法与语言发展进行协调，再加上璐璐想在有限时间内将话说完，结果就导致她虽有将词汇融会贯通的需求和愿望，却不知该选择哪个词汇更适合，因而当说话遇到困难梗阻后，便重复刚刚说过的字，久而久之，就会出现说话结巴重复的情况。而妈妈在璐璐说话结巴时，缺乏理解和耐心指导，采用命令式口吻或进行呵斥或纠正，又令璐璐受到惊吓，原本想说的话更不知如何说起。当妈妈继续催促时，她变得更加紧张。如此形成恶性循环，日积月累，对璐璐进行正常的语言表达造成负面影响。

璐璐说话结巴的第二个原因和孩子好奇心与模仿能力有关。孩子好奇心重，但缺乏分辨能力，如果周围有人说话口吃，出于好奇或好玩就会去模仿，很快也会形成口吃。

对于在孩子身上出现的这种情况，我们不能妄加指责，更不能过于紧张、关注或者给予纠正。而是应该给孩子一些时间，以愉悦、轻松的态度，帮助孩子顺利度过这个阶段，尽量不留有“后遗症”。

1. 培养孩子健康的性格

懦弱、敏感、急躁的孩子，在第一次出现说话结巴情况时，可能因害怕或自卑不敢再张口，或者结巴情况更加明显。而性格开朗、自信的孩子即便出现过这一情况，也能通过自我调节较快地得到改善。因此，我们在培养孩子语言表达能力的同时，也不要忽略了孩子的性格培养。

2. 增加孩子对语言运用的熟练度

孩子说话结巴很多时候是对语言运用不熟练所致，我们可以根据孩子语言表达的情况，通过教他们唱歌、念儿歌、讲故事等方法，在其词汇量增加的同时，逐渐掌握对语言运用的熟练程度。在此基础上，鼓励孩子敢于张口，慢慢说出自己的想法。

3. 多点耐心，消除孩子紧张情绪

孩子在两岁多时，已经能比较熟练地说话，并与大人进行简单对话了。我们应给孩子说话的机会，多点耐心，不管孩子说得如何，都要让他将自己的想法完整表达，而不能急于打断。

如果孩子因为紧张而出现口吃，则需要尽量消除容易引起紧张的因素，特别是性格比较内向的孩子，千万不能勉强他们在生人面前说话。

4．有意识地控制孩子的语速

过快的语速会令孩子造成思维混乱，进而易引起口吃。这就需要我们与孩子说话时要注意慢条斯理，以比正常稍慢一个节拍的语速和平稳的声调，运用简单的词汇或句子，直接或间接对孩子进行提醒，引导他思考清楚后再说，而且一定要一字一字地说清楚，直到把自己的想法表述完整为止。如果孩子仍然有口吃情况，家长可在他说完后，告诉他应该如何发音，口型是怎样的，舌头放在什么位置上，或者用一句完整的话将孩子想要表达的意思重复出来，这样做既可消除孩子的紧张感，又能教给孩子正确表达的方法。

5．营造良好的环境

如果孩子说话结巴是由于模仿行为造成的，我们在纠正的同时还应避免孩子与模仿对象再次接触。除此以外，还要鼓励孩子与同龄小朋友交往，引导他们一起讲故事、唱儿歌等。在一起玩的过程中，孩子对说话的恐惧往往就会慢慢降低，甚至消失，语言在欢乐的气氛中自然而然地表达出来，这对于训练孩子语言表达，提高表达流畅程度都有良好的效果。

应当注意的是，如果孩子到了五岁后说话仍然结巴，或者说话的同时伴有扭动、跺脚等动作，有可能是发育障碍引起的，需要进行言语矫治。

孩子背诵很困难怎么办

会表达离不开背诵。通过背诵，孩子能将大量的信息储存在大脑中，即使没有现成的稿件或没做准备，照样可以说得连贯流畅，将自己所想顺利表达出来。此外，背诵还能让孩子拥有丰富的知识，在突如其来的场合下随时调取知识，从容应对。但现实情况是，大多数孩子都视背诵为难事，一段短短的文章常常要背几个小时，而且每次背诵犯的错误都不一样。每次背诵，不仅孩子累，家长也痛苦万分。

案 例

晴晴天性活泼，园里一举办活动，她都会积极报名，唯独除了儿歌朗诵。今年幼儿园又组织儿歌比赛了，晴晴“照例”想“逃过去”，可是禁不住妈妈在一旁激将，以及爸爸提出的奖励，终于报名了。为了让评委留下深刻印象，晴晴自己选了一首较难的儿歌。

刚开始，她还兴致勃勃，背了一段后就让妈妈检查，没想到刚背第二句就卡壳了。晴晴半撒娇地让妈妈提醒，妈妈无奈提醒了几个字，晴晴想了半天终于又能继续背下去。没想到一句话没背完，晴晴又忘词了。就这样反反复复地提醒，整首诗歌几乎都由妈妈说出来的，而且因为是被晴晴结结巴巴背出来的，丝毫没有美感。

晴晴嘟着嘴嚷着不背了，妈妈又为她挑选了一首简单的，可是即便如此，晴晴还是背不下来，周末这两天折腾下来，晴晴一无所获，原有的自信心被打击得一点不剩。别说背诵了，就连让她照着读都很困难。看着女儿日渐消沉的情绪，妈妈别提有多急了。

为什么晴晴的记忆这么差？难道是她笨吗？其实不是，晴晴的失败与她采取的记忆方法不当有关。

孩子的记忆是以无意识记忆为主的，即对直观、形象、富有趣味、能引起强烈情绪体验的事物，孩子往往能很快记住，而对一些纯文字内容很难记住（此为有意识记忆阶段）。为了能够让孩子充分发挥无意识记忆能力，并逐渐向有意识记忆发展，家长应当做到以下几点。

1. 朗读记忆法

想让孩子记得牢，首先要让他熟悉背诵的内容。每一个篇章都是有主题的，弄清楚了主题，能让孩子理解文章或诗歌意思，在背诵时更容易一些。在孩子充分理解内容后，妈妈要用适中的语速和抑扬顿挫的语调朗读内容，给孩子充分的想象余地，引导他入情入境。在这期间，可让孩子闭着眼睛，一边听，一边想象画面，就像在脑海中放电影一样，形成一个直观的影像。

2. 连锁记忆

连锁记忆是指利用记忆规律，为独立的信息创造出一种联系，使之变成一个整体，从而提高记忆效果。我们可以给孩子提供一些动物的名称，如“老鼠、大象、猫、小鸡、小猪、小狗、小熊……”然后引导孩子编一个简单的故事，将这些动物全都包括进去。例如老鼠突然窜出来，把大象吓一跳，小猫上前来制止，却吓到小鸡。小鸡扑腾翅膀，扇了小猪一身的灰，小猪一生气向前拱泥巴，把小狗拱倒了，小狗想起身却把小熊拽倒了……哎呀呀，乱成一锅粥。”

3. 增强联系记忆法

无论是诗歌还是文章，都具有条理性。如果我们能够帮助孩子分析清楚句子之间、段落之间的联系，这对于背诵无疑能起到事半功倍的效果。我们以下面这两段话为例：

铃铃带着红色发卡坐在木马上。她向妈妈打声招呼，刚想转头，却被旋转木马周围的景色迷住了。周围无论是人、树木还是建筑，在木马的旋转下混在一起，就像是一个五彩的光带。玲玲觉得自己好像要飞起来一样。第一句描写人物的样子和形态，第二句是人物的动作，第三句是人物看到的场景，第四句是人物的想象。这么一来，这一段话就会像播放电影一样，极具画面感，从而能更直接地将信息灌输给孩子。

4. 提问+引导记忆法

面对一段新的内容，刚开始孩子背诵起来通常都是比较吃力的，常常会因此放弃。此时，如果我们能给予适当的提醒，如向孩子提出问题，或对其进行引导，往往效果比孩子自己背诵要好。例如，让孩子背诵《小蝌蚪找妈妈》的故事，我们可以这样引导：“在什么季节，谁在哪睡了一个冬天，然后做了什么事？”、“谁长出了尾巴，在水里游来游去？”、“它们看见鸭妈妈后，都说了什么？”如此持续，直到孩子将故事背完。

孩子说话不简练怎么办

想要培养出好的语言表达能力，在最短时间内吸引到他人注意，或者让对方接受自己的要求，除了要在态度、肢体语言、声调等方面下功夫外，更重要的就是说话重点要明确，让人能听明白。但是，有的孩子说话时不是加了很多词语，就是说话找不到重点，有时候废话连篇，不管谈话题材多吸引人，在大家听来也会味同嚼蜡。

案例

别看壮壮年龄小，他可喜欢凑热闹了，一有热闹就会往人群中钻。这天，他和小朋友在小区里玩耍，发现一只小猫卡在水管里出不来，于是便叫来大人帮忙。可是由于水管很窄，又被嵌在墙里，为了把小猫救出来，大家可谓煞费苦心，锯子、油、电焊什么都用上了，折腾了一下午，费了九牛二虎之力，小猫在众人的帮助下终于重获自由了。

这一件事让壮壮很兴奋，正好第二天班级早课该他上去演讲了，壮壮决定把“救小猫”这件事讲给大家听。第二天，壮壮到了幼儿园后，信心满满地站在大家面前，开始讲前一天发生的事情。他先是用了十五分钟时间讲自己玩什么、如何发现小猫的。然后当他终于讲到小猫被救的过程时，台下的小朋友们早就没了兴趣，要么在走神，要么窃窃私语，没有一个认真听他讲的。见此景，壮壮觉得很委屈，老师发现后急忙拍手，让小朋友注意听。没想到，壮壮讲到大人们拿着工具来了后，又对工具做了一番评价，小朋友们刚被勾起的好奇心瞬间又没了。

壮壮的这种说话方式，不仅令原本一个生动有趣的经历变得味如嚼蜡，同时也偏离了他要表达的中心意思，可以说，这种情况是表达训练中的大忌。我们来分析一下壮壮到底错在哪里。首先，他在讲故事时没有弄清事情的重点——自己如何着急、小猫又是怎样被救起的，而是将重点集中在次要情节上，完全冲淡了主题，自然无法抓住台下“小听众”的心。不管他说得多么顺畅，感情多么饱满，都不能算是什么好口才。

为什么壮壮会在语言表达上出现这个问题呢？我们认为，孩子说话不简练、不能直入主题，主要是两个原因造成的。一是受到家长的影响，比如家长要求孩子去看书，又同时让他收拾玩具或做其他事情，在下“命令”时又夹杂了无关紧要的内容。长此以往，这种缺乏重点的表述方式就被孩子学会了，以至于他在说话时想到哪里就说到哪里，拐了好几个弯后才奔主题，有时说着说着甚至会“跑题”。有这种表述习惯的孩子，不仅说话不简练，就连写作时候也会废话连篇、偏离主题，对写作能力的培养是一个不小的隐患。

除了家长的“言传身教”外，孩子说话不简练还可能是思维混乱造成的。语言和思维是相互依存的，孩子所说出的外部语言就是内部思维的具体表现。而在这一阶段，孩子的思维能力尚未完全发育，这就意味着语言在逻辑性方面会出现一定偏差，所以在表达自己想法时往往抓不住重点。

了解了孩子说话不简练的原因后，家长究竟该怎么做，才能让孩子凝练地表达出自己的思想呢？

1. 丰富孩子的词汇量

汉语词汇博大精深，有时一个词组、一个成语或一个短句所表达的意思与一长句话甚至一段话是相似或相同的。如果孩子能很好地掌握并运用这些词汇，在表述问题时就可以更加凝练。

2. 培养孩子的思维能力

思维决定说话的内容，更决定了孩子的语言组织能力。只有在缜密的思维掌控下，孩子才能更清楚地表达自己所想。在训练孩子说话简练时，家长首先应当提出以下几个要求：

（1）说话时不要想与话题无关的事情。

（2）话要一句一句地说，事要一件一件地讲，不能混在一起。

（3）在讲述前要在脑海中分清内容的主次，并进行合理分配。

如此一来，孩子就能摆脱这个不良习惯，语言逐渐变得简洁，相信在进行表达训练时能助一臂之力。

孩子口齿不清怎么办

培养孩子良好的口才，最重要的是他能将心中所想用清晰流利的词汇表达出来，然而严峻的现实摆在我们面前——很多孩子在说话时经常会出现口齿不清的情况，特别是在加快语速时更如同说天书一般。如果这种状况继续持续下去，不仅会令语言培养难上加难，还有可能影响孩子的言语交流，影响孩子与他人的关系。

案例

莹莹快三岁了，性格活泼好动，也喜欢说话，可是就是不能像其他小朋友一样口齿流利，表达清楚，特别是翘舌音总也发不好，把“sh”音发成“s”音，最近就发生过这种情况。

这一天，莹莹奶声奶气地对妈妈说：“妈妈，我要‘cī’‘bíng’果！”妈妈听后愣了一下才反应过来，“‘cī’‘bíng’果”这个词不是自己前几天和丈夫闹着玩时说的嘛？妈妈觉得很有趣，夸女儿记忆好，母女俩咯咯地笑作一团，莹莹最后当然拿到了自己想吃的苹果。妈妈原本以为这次事情只是女儿故意说的“笑话”，没想到在以后的日子里莹莹经常这样说话，如“‘cī’饭”、“洗‘zhǎo’”、“坏‘lén’”……见此状，妈妈虽然有点不安，可并没有当回事。

很快，莹莹进入幼儿园了，接触的事物越来越多，表达自己思想的欲望也越来越强，可是她每次开口总是“错误连篇”，有好几次甚至因为口齿不清楚被小朋友误解、嘲笑。渐渐地，莹莹变得不爱说话了，表达能力明显比实际年龄低。妈妈爸爸非常困惑，莹莹心里也很难过，她多么希望自己能和其他小朋友一样口齿伶俐，尽情地表达自己。

孩子口齿不清楚，在排除病理问题、心理问题后，我们认为，主要是受到发音器官发育以及环境教育的影响。莹莹只有两岁多，此时她的发音器官尚未发育完善，听力分化能力较差，区别较小的平舌和翘舌音对她来说是很难分辨的；再加上她无法协调使用发音器官或掌握某些发音方法，不可避免地就会影响正常发音。

与此同时，妈妈的某些做法也起到了“推波助澜”的作用。孩子的语言表达能力提高，主要途径是靠模仿，如果周围成人说话含含糊糊，孩子就可能将其视为说话的“范例”，话自然就说不清楚了。妈妈之前一句玩笑话“‘cī’‘bíng’果”就给莹莹留下了深刻的印象。莹莹第一次说出来后，妈妈并没有制止，令她以为这才是正确的发音，并且这样说话能得到大人的“赞赏”，慢慢地就形成了口齿不清的习惯。

这种习惯对孩子的影响是不利的，如果我们不及时加以纠正，就有可能慢慢形成不良的发音习惯，严重者甚至会造成语言障碍，不仅影响到孩子的口才培养，还会影响到他成人后的工作、学习、人际交往等。

如果你的孩子也有这样的问题，你会怎么做呢？在这里，我们介绍一些方法，可以帮助孩子顺利度过这个发音困难时期，同时在一定程度上纠正已然形成的口齿不清问题。

1. 做好榜样，耐心示范讲解

年幼的孩子是通过模仿来掌握每个词的读音的，而大人是孩子的第一模仿对象。所以，要使孩子发音正确，家长就要注意自己的语音正确，尤其是对孩子容易念错的字，要重点做示范和讲解，这对于纠正孩子的口齿不清也非常有帮助。在进行讲解和示范时，家长的语速要放慢一些，口型要夸张一些，特别是涉及需要使用舌头参与的发音，要先告诉孩子在发某个音时舌头需要放在哪里，简单做一下讲解，然后让孩子注意观察，最后带着他一起试着发音。

2. 多让孩子重复练习

孩子完全掌握每一个新词的读音，离不开语言器官协调运动。但在这一时期，他们的分析和综合能力较弱，小肌肉不发达，在协调发音器官运动方面会有一定的困难。家长要引导孩子对新词读音反复练习，使小肌肉得到锻炼，并与发音器官共同协调，最终帮助孩子完成新词读音的掌握。

在教孩子新词读音时，家长可从孩子最熟悉、感兴趣的事物入手，先教单词，如“娃”、“狗”、“猪”，再教词汇，如“娃娃”、“小狗”、“花猪”等，最后过渡到短语，如“娃娃牵着小狗，骑着花猪”。当孩子掌握的词汇越来越多后，再引导他进行快速朗读。快速朗读的目的是锻炼孩子口齿伶俐、吐字清晰、语音正确，同时也是口头表达能力培养的一个途径。孩子朗读时，刚开始的速度要慢一些，熟练后再逐次加快，最后达到孩子所能达到的最快速度，当然无论速度多快，一定要发音准确才行。

3. 教孩子发音要多点乐趣

单纯重复某个字或词，常常令孩子感到厌烦，进而对说话产生抵触心理。因此，我们在教孩子发音时一定要多样化，并且富有趣味。比如，通过玩悄悄话游戏来引导孩子发音，妈妈或爸爸可在孩子耳边说一个字或词，让宝宝将这个字或词用悄悄话的形式传达给家里每一个人，如果发音正确，就会从对方那里得到一个亲吻或一朵小红花。除此以外，我们也可以将读音练习和发声结合起来，即孩子在说某个词或某个句子时，要发自内心，语调顿挫有利、感情饱满、声音圆润动听，将情绪充分调动起来。

4. 纠正发音错误时要自然

孩子在练习说话时难免会出现错误，对此我们既不能进行斥责，更不能因为感到有趣而取笑或重复错误发音，以免孩子产生自卑心理，或无法分辨自己是对是错。正确的方法是结合生活内容和对话，让他自然纠正。有的孩子“吃”和“湿”不分，可在吃饭时问孩子：“你吃饱了吗？”、“妈妈做饭给谁吃”、“今天你吃鱼了吗”等，在洗漱时问他：“用手接水，手怎么了”、“毛巾被水怎么了”等，引导孩子说出“吃”和“湿”。如此不断练习，对纠正孩子的翘舌音很有帮助。

孩子爱吹嘘怎么办

孩子爱炫耀，是因为在自我意识开始形成发展时，他们为了获得自我肯定、自我欣赏、他人欣赏，就会用夸耀自己的方式来获得内心满足，引他人关注。从心理学角度来讲，这属于一种正常现象，而且适度地吹嘘对语言发展也有积极的促进作用，如增强孩子自信心，提高词汇掌握量，锻炼思维和想象力等。但是，经常吹嘘或者过分吹嘘，反而对口才培养有害无利。

这是因为，真正的好口才不是用华丽的词藻、不着边际的想法堆砌而成的，而是依附于心灵之中，以理服人、以情动人，这才能真正抓住听众的心。而吹嘘即使吸引他人关注，也只是一时的，很快就会失去效力，甚至会换来对方的反感。

案例

小雪上幼儿园大班，班级里一个小朋友球球很会说故事，每天都有很多小朋友围着他。小雪看了很是眼馋，她也想像他一样有这么多的听众，可是自己又不会说故事。

有一天，球球正在讲钓鱼的故事，正讲到关键，小雪不知怎么的，头脑一热，大声说：“这有什么的，他说的是故事，我说的这个是真事。”小朋友一听是真事，呼啦一下子就围过来。看到此情况，小雪高兴得有点得意忘形了，随口就说："我爸爸曾经钓过一条大鱼，有两个手臂那么长，好几个人一起才将它从水里拉起来。大鱼在水里乱游，把好多水都扑到船里呢！"小雪越说越玄乎，大家越听越入迷。

下午，妈妈来接小雪回家，没想到一群小朋友围上去，都嚷着要看大鱼。妈妈感到莫名其妙，这时老师走过来告诉她事情原委。妈妈又是好气又是好笑，说："孩子的爸爸是钓了鱼，个头也挺大，可是根本没有两个手臂长。而且这条鱼很轻松就钓上来，哪里有那么多人帮手。"听完小雪妈妈的话，小朋友们刚被勾起的好奇心立刻一点不剩。第二天，这件事在园里传开了，大家都说小雪是个吹牛大王，不管她再说什么都没有人肯信了。

小雪的想象力很丰富，如果她能将自己的想象力用在编故事、说故事上，相信就不会出现这种结果。这次经历后，小雪颜面尽失，从而产生了沮丧自卑的心理，不敢再轻易开口说话，慢慢地话越来越少，变得非常不自信。

为了避免我们的孩子也出现这种问题，在对孩子进行口才培养的同时，别忘了随时对孩子的这种行为进行纠正。

1. 提高孩子的认知能力

孩子对自己的评价，常常依赖于他人（特别是成人）。为了能够使孩子正确进行自我评价，增强自信，我们要从小培养和发展孩子的自我认知能力。比如说多教授他们新的知识，不断地充实自己，从而重新认识自己。

2. 还孩子一个真相

孩子向他人吹嘘后，我们一定要还事情一个本来面目，最直接也是最简单的方法就是将事情的真正情况对孩子说一遍，然后让孩子比较一下两个"版本"究竟区别在哪里，再让他复述一遍正确"版本"的内容。这样做的目的不仅是为了纠正孩子的错误想法，也是为了让他在复述的过程中能够学会正确表达事物的方法。

3. 满足孩子的想象力

很多时候，孩子的吹嘘内容非常富有想象力，对此我们不能一并扼杀，而是应该理解并满足他们的想象力。比如鼓励孩子将想象的内容编成故事，说给大家听；或者将想象画成奇妙的图画，为大家做讲解。当孩子的想象力得到适当释放时，他们的创造力也会随之增强，也会让语言在表达时更富魅力。

孩子说话带"刺"伤人怎么办

有的孩子在口才方面很有天赋，表达能力很好，喜欢用开玩笑等方式吸引他人注意，或对他人作出评价，这种做法对继续锻炼语言表达能力，以及拉近人与人之间的距离非常有帮助。但是，孩子的心理发育尚不成熟，极容易误解幽默的真正含义，仗着自己的"幽默"对他人冷嘲热讽，并由此显示自己的与众不同。殊不知，孩子说出的一些带刺的话语，不管是无心还是有意的，都可能会给他人带来负面影响，甚至是致命的伤痛，这样的语言根本不表示真正会表达。

小优是个性格开朗的孩子，从他嘴里说出的话，经常会让人捧腹大笑，周围的大人和小朋友都称他为"开心果"。可是有一天，"开心果"的脸上不再有笑容，有的只是满脸乌云。

妈妈向小优询问后，得知小优最近喜欢给小朋友起外号，一开始他起的外号都很幽默，而且没有贬义词，大家听了后都觉得很有趣，被起外号的小朋友也都接受了自己的外号。可是不知从什么时候起，小优起的外号逐渐变了味道。有个小朋友姓黄，喜欢穿有小狗图案的衣服，小优就给他起了个"大黄狗"的外号；还有个小朋友总是剃光头，小优想起一本书中有一个人物叫做"小癞子"，就把这个外号"给"了他。慢慢地，不仅被起外号的小朋友不再理小优，其他小朋友也开始疏远他。

小优被孤立，完全是他打着开玩笑的旗子挖苦别人造成的。他所起的外号不再是取悦别人，而是通过讽刺别人来取悦自己。他在给别人起不好的外号的同时，确实过了嘴瘾，获得了快乐，但这种快乐与他给别人造成的伤害相比，是多么微不足道。不仅如此，小优在他人心目中的形象也一落千丈，有的家长知道小优的所作所为后，在背后说他为“没有教养的小孩”。

确实，一个真正有修养、会说话的孩子，是不会随意讽刺别人的。你的孩子如果也有这样的现象，那么就一定要及时找出问题根源，帮助孩子纠正，别让它变成孩子的一种表达习惯。

1. 洞悉孩子的心理

孩子出现嘲讽他人的行为，虽然并不总是表现出明确的目的，但或多或少都有一定原因，像案例中的小优就是想赢得大家关注，成为大家的焦点。当然，这只是其中一个因素，嫉妒、排斥等心理也会成为孩子爱嘲讽他人的原因。对此，家长要仔细分析，并根据不同原因分别采取不同的教育方式，让孩子意识到自己的错误，向对方道歉并加以改正。

2. 家长注意言传身教

家长就像是一面镜子，将自己的想法、做法反射给孩子。如果家长平时喜欢用负面词语议论别人，孩子听到后就可能不自觉地将议论的内容纳入自己的大脑中，在遇到相同或相似的场景就会脱口而出。因此，家长要观察自己的行为，时刻反省自己的言行，以免给孩子造成不良的影响。

3. 对孩子的表扬、奖赏及批评要适度

表扬、奖励和批评是教育孩子的一种重要手段，然而万事都要讲究一个度，不当表扬、奖励或批评都可能产生负面影响。例如，在生活中经常给孩子不切实际的表扬或夸奖，就会滋生孩子的骄傲情绪，让他变得自大自满，认为他人都不如自己，从而爱嘲讽他人。再比如，对孩子的错误，采用嘲笑、挖苦等言辞，如孩子玩得浑身脏兮兮的，大人对他说："你可真干净啊。"孩子一开始只会觉得惊讶，以为大人真的没有看见自己身上的脏东西，但时间长了，就会"无师自通"悟出背后的真正含义，并且一有机会就会使用在其他人身上。因此，不管是批评还是表扬，家长一定要秉着准确、求实的态度指出来，既不夸大事实，也不故意混淆，让孩子以一个健康的心态接受褒奖和批评。

图书在版编目(CIP)数据

会表达成就最优秀的孩子/于帆编著. —上海:华东师范大学出版社,2016
ISBN 978-7-5675-5890-8

Ⅰ.①会… Ⅱ.①于… Ⅲ.①家庭教育-案例
Ⅳ.①G78

中国版本图书馆 CIP 数据核字(2016)第 281151 号

会表达成就最优秀的孩子

编　　著　于　帆
责任编辑　刘　佳
特约审读　陈小强
责任校对　汤　定
版式设计　卢晓红
封面照片　夏　天
封面摄影　阿咔儿童摄影
封面设计　付　莉

出版发行　华东师范大学出版社
社　　址　上海市中山北路 3663 号　邮编 200062
网　　址　www.ecnupress.com.cn
电　　话　021-60821666　行政传真 021-62572105
客服电话　021-62865537　门市(邮购)电话 021-62869887
地　　址　上海市中山北路 3663 号华东师范大学校内先锋路口
网　　店　http://hdsdcbs.tmall.com

印 刷 者　常熟高专印刷有限公司
开　　本　787×1092　16 开
印　　张　13
字　　数　179 千字
版　　次　2017 年 1 月第 2 版
印　　次　2017 年 1 月第 1 次
书　　号　ISBN 978-7-5675-5890-8/G·9961
定　　价　26.00 元

出 版 人　王　焰

(如发现本版图书有印订质量问题,请寄回本社客服中心调换或电话 021-62865537 联系)